神社の成立と展開

白山芳太郎

神社の成立と展開

はじめに

ユーラシア大陸の東海岸沿岸の島々で構成されるこの列島（Japanese archipelago）は、幾多の造山活動期と氷河期を経て十五万年前（洪積世）に原型が形成された。ユーラシアと地続きであり、日本海はまだ湖であった。

アフリカで誕生し、定住を行わない現生人類は、ユーラシアから獲物を求めてシベリア経由（北回り）と東南アジア経由（南回り）でこの列島に到着した。列島各地において二万年前〜一万年前の人骨が出土している。港川人《みなとがわじん》（二万年前）や三ケ日人《みっかびじん》、浜北人《はまきたじん》（一万年前）などである。

この頃から沖積世までの間に、湖が日本海となって、大陸から分離し、島国となる。それとともに、山がちであり、地域が細かく分かれ、孤立的な文化が起こりやすい状態となった。

このような閉鎖的な状態となった日本人は、独自の暮らしをすることになった。結果的にマイノリティーなものとなり、同時に独特の神話を伝える民族となった。

もちろん、アフリカからの移動の途中、ユーラシア中央部、あるいはインド洋沿岸などで誕生した神話の記憶もあったため、日本神話の中に、比較神話学的な検討が必要な諸地域の神話と類似するものがみられる。

日本神話でイザナギノミコトが黄泉国《よみのくに》へ行ってしまったイザナミノミコトのもとを訪ねる話と、ギリシア神話でのオルフェウスの話は類似している。

これはギリシア神話が日本に伝わったのではない。現生人類（ホモ・サピエンス）が出現してやがて唯一の残存種となり、アフリカから出て移動してこの列島にやって来るまでにユーラシア中央部で右折し、太平洋岸にたどり着くまでの各地で生まれた神話の記憶が日本神話の中に残存するためである。

またユーラシア中央部で過ごした頃に生まれた神話を、左折したサピエンスがギリシアへ運び、右折したサピエンスが日本へ運んだため似ているのである。中央アジアの木管の縦笛が西進して二枚リードのリード楽器（オーボエ）となり、東進して二枚リードのリード楽器（篳篥《ひちりき》）となったこと、また中央アジアの横笛が西進してフルートとなり、東進して竜笛《りゅうてき》となったことと同様であり、古い記憶の中で、ユーラシア中央部で誕生した神話が残ったのである。

文学は、それを鑑賞する人びとの心の糧《かて》となるものであり、どの国の人たちも自分たちの国の文学を愛してきた。

イギリス人で言えば『ハムレット』であり、イタリア人で言えば『神曲』である。ところが『古事記』と『日本書紀』（両書をあわせて「記紀」と呼ぶ）は、日本文学として、それほど愛されていない。これらの書を、特定の宗教を支援するとみて、小中高の教員が避けるからである。

また江戸時代には、漢学が最高の学とされ、『古事記』はそのすぐ後に生まれる『日本書紀』と比較して漢文の書き方が下手であるため低くみられていた。しかし、漢文、つまり一種の外国語訳の上手下手が文学としての価値ではない。

そのような諸問題はあるが、いずれにしても、古代史料はその絶対量が乏しく、両者を読み比べながら考えていく必要がある。

記紀は、全巻を通じて、いたるところで神と人とのまじわりを語っている。原始の時代、この列島に住む人びとは、政治をはじめ、裁判や戦争から日々の生活にいたるまで、すべて神の意を受け、神の導きによって生活していた。

そのため『古事記』と『日本書紀』の話題の中心は、神々への信仰をもとに語り継いできた伝承となった。かかる神話で表現された神々を祀る場、それが神社である。

目次

装幀　滝口裕子

第一章　縄文時代の祭祀

『古事記』『日本書紀』ならびに古代の祭祀遺跡の考古学的研究をもとに考えると、古代の自然と深い関係にあった日本人の生活の中で具体的に接した自然物や自然現象のうちで、人々の力を上回る威力、呪力、神聖性を感じるものに対して、それを「神」として敬った信仰がうかがわれる。

これらは縄文時代からのものなのであろうか、それとも弥生時代からのものなのであろうか。

列島各地に縄文式土器が出土する遺跡がある。

そこでは、縄文時代の「竪穴式住居」（地面を数十センチ掘り下げた面を床とする半地下構造の家）だけでなく、「祭祀のための構造物」を支えていた直径八十センチから一メートルにかけての六本柱や十本柱の「大型掘立柱群」が出土している。

しかも、それら「大型掘立柱群」は、それぞれの遺跡の中心的存在として出土している。

その時代は、狩猟採集生活の時代であり、人類の歴史を一〇〇万年とみると、そのうち「農耕」が始まるのは、諸説あるが、一般的には、終末期旧石器時代のユーフラテス川流域（テル・アブ・フレイラ遺跡）における一万三〇〇〇年前の「遺丘《いきゅう》」（「遺丘」とは、ある場所に集落の形成・放棄・整地が繰り返されることによって丘になる）での麦栽培からとされている。

人類の歴史の九十九パーセントは狩猟採集生活だったのである。

世界的には、狩猟採集生活時代、土器は発明されず、生《なま》で食べるか、焼いて食べるかしていた。煮物用の土器を持つ狩猟採集生活というのは日本にしかない。

農耕というのは、いわば「必要は発明の母」であり、狩猟採集生活によって食材を採りつくした場所から始まる。しかし、この列島の人びとは採りつくさなかった。それほど自然が豊かだったのである。

また、その多くは住居を放置し、しばらくの間、別の場所へ移動し、自然による復元力を待って、もとの場所に戻る。しかも、食材を採りつくせないほど豊かなところでは「定住」した。

かつては、この一万年に及ぶ縄文時代は定住しない時代だと言われてきた。ところが、三内丸山《さんないまるやま》遺跡（青森市三内字丸山から出土した縄文前期から中期末頃の定住遺跡で、その中心である祭祀遺跡は直径二メートル、深さ二メートルの六本柱の柱穴が出土しており、その相互の間隔が四・二メートル。今の七階建て建物に相当する高さのある祭祀用構造物があった）や、真脇《まわき》遺跡（石川県能登町字真脇から出土の縄文前期から晩期の定住遺跡で十本柱の祭祀用構造物があり、同様の遺構は石川県金沢市のチカモリ遺跡、新潟県糸魚川市の寺地《てらじ》遺跡、富山市古沢の古沢遺跡、長野県原村の阿久《あきゅう》遺跡など、石川県、富山県を中心に約二十遺跡で出土している）などの縄文遺跡では、ながく定住し、それとともに、空中楼閣の構造物の出土があって、そこで祭祀が営まれていたのである。

第二章　記紀神話との関わり

狩猟採集生活時代に、日本人は土器を作り始めた。

土器を持つことにより、狩猟や漁撈《ぎょろう》で得た獣《けもの》、魚、採集生活で得た木の実、さらに初期農業が開始されると栽培植物を加えて「ちゃんこ鍋」のような食事を作って食べた。

火を入れることにより消毒され、寿命が延びる。また鍋料理は温めなおすことが出来る。

そのような他国では見られない狩猟採集生活が、日本各地で行われた。それが縄文時代で、そういう時代が一万年続く。

縄文時代の遺跡の代表的なものに、陸奥湾の三内丸山遺跡（青森県）と真脇湾の真脇遺跡（石川県）とがある。この二つの遺跡は、それまでの縄文遺跡の常識を覆《くつがえ》す

三内丸山遺跡

真脇遺跡

ものであった。それが、今や、縄文時代を代表する遺跡なのである。

前者の遺跡では、縄文前期から中期末（五九〇〇～四二〇〇年前）まで定住した。

後者の遺跡では、縄文前期から晩期（六〇〇〇～二〇〇〇年前）まで定住した。

かつて、縄文期は定住せず、弥生期になって定住すると説かれた。しかし、そのような常識は覆った。

しかも両遺跡は、それぞれ祭祀のための「大型掘立柱遺構」を中心とする遺跡であった。

そのまわりに「竪穴式住居」がみられ、その地で祭祀を行いつつ、一五〇〇年（三内丸山の場合）、もしくは四〇〇〇年（真脇の場合）定住した。

ところで真脇では、イルカの骨が縄文各期の層から当該時期の縄文式土器とともに出土した。真脇湾にやって来るイルカを捕らえ、継続的な食を得ていたことにより、人々は定住していた。「大型掘立柱遺構」の周りから出土したイルカの骨は何を意味するのであろう。

それは、イルカにより継続的な食を得ていたというそのもの以上の意味がある。

あらゆるものに「カムイ（神）」が宿るとする信仰を持つアイヌの人びとの「熊送

り」（アイヌ語で「イ・オマンテ」といい、「イ」はそれを、つまり熊の霊を。「オマンテ」は送る）を参考にするならば、イルカの霊を天上に送り、それに感謝したイルカの子孫が次に来てくれるよう祈ったのではないか。

記紀は、人類が類人猿から分かれて間もない頃の痕跡を記している。人は、天と地の間が近いため、天の下をせぐくまって歩いたといっている。直立歩行が不完全だった時代の形跡であろう。

また、氷河時代が終わって間もない時代、地面がぬかるんでいた時代のことも記している。歩く時に抜き足・差し足して歩いたといっている。

しかも、天と地の間に「天《あめ》の浮橋《うきはし》」という天地を行き来する「はしご」が組まれていたという。その「はしご」を利用して、おのずから凝り固まった島（オノゴロ島）に下りてきたというのである。

『丹後国風土記（逸文）』にも、そのような「はしご」の一つらしい伝承がある。それは、イザナギノミコトが天と地を行き来するために作ったといい、名を「天橋立」であると記している。これは「天の浮橋」と同種のものではないか。

真脇遺跡は、平成元年に国の「史跡」に指定された縄文期の長期定住型遺跡である。

天橋立

その遺跡をそのまま公園として整備したのが「真脇遺跡公園」である。

園内からは、その地が湿地帯のため、多数の木製品が土に戻ってしまわずに出てきた。その中に掘立柱の柱穴と柱の根も出土した。それをもとに復元すると、直径一メートルの栗の木を十本、サークル状に並べた環状木柱列（祭祀用とみられる）となった。このような環状巨大木柱列は、地上からみた「天橋立」であったと思う。

この『風土記』の記載によると、「天橋立」はイザナギノミコトがいねむりをしたとたん、バタンと倒れて、今のようになったとある。これを、単なる砂嘴《さし》から空想した架空の話とみてよいのであろうか。

「天橋立」のある宮津は「宮のある津」という地名である。「宮」というのは、何という宮であろうか

また「天橋立」は宮津湾に面した地、真脇遺跡は真脇湾に面した地、三内丸山遺跡も陸奥湾に面した地であった。

真脇湾の「十本柱」や陸奥湾の「六本柱」のような祭祀施設が、「宮のある津」宮津湾にもあったのではないか。その祭祀施設で、宮津湾にやってきたイルカの霊を送っていたのではないか。

真脇湾と宮津湾のほぼ中間にある敦賀湾では、『古事記』によると、異母兄弟との戦いが終わって、戦争の穢《けが》れを清めるため禊《みそぎ》にやってきた即位前の応神《おうじん》天皇と、気比神《けひのかみ》が名の交換を行ったとある。

角鹿《つぬが》（後の敦賀《つるが》）の仮宮で寝ていると、夢の中でイザサワケという神が現れ、名を交換しようと言う。交換に応じると「明日の朝、海岸に出てみるように」と言われる。言われたように出てみると、神から贈られた入鹿魚《いるか》が置かれていた（この話は

『日本書紀』の別伝にも書かれている)。そういう地に、イルカの霊を送る祭祀施設として真脇湾の「十本柱」のような施設が誕生したのであろう。

その後、祭祀施設の発展があり、現在の気比《けひ》神宮(越前国一宮)となったのではないか。敦賀湾と宮津湾、また能登の真脇湾はいずれも同じような地形である。宮津湾にもイルカが継続的にやってきて、その霊を送る施設があっておかしくない。

「天橋立」は全長三・二キロの砂嘴《さし》である。そこに、もともと空中楼閣としての祭祀施設、すなわち「橋立」があったのであろう。しかしその役割を終え、いまは籠神《この》社(丹後国一宮、元伊勢 籠神社)という形で、その祭祀が続けられたのではないか。

籠神社は、「ヒコホホデミノミコト」(山幸彦)が籠《こ》に乗って現れたという伝承に基づき、古くは社の名を「籠宮《このみや》」と呼んだ。

後になって、兄「ホアカリノミコト」(海幸彦)を祭神とするようになり、その子孫が同社社家の海部《あまべ》氏となった。

籠《こ》という字は『日本書紀』では「籠《かたま》」と訓読されている。籠舟《かごふね》のことであり、今もベトナムで使用されている。

『古事記』の海幸山幸の段で、山幸彦が「海《わたつみ》の宮」に行く時に乗った舟の名を

越前国一宮 気比神宮

丹後国一宮 籠神社

「無間勝間《まなしかつま》」と呼んでいる。この舟に対して『日本書紀』は「無目籠《まなしかたま》」と呼んでいる（同書別伝では「無目堅間小船《まなしかたまのおぶね》」）。

三重県鳥羽市の船の博物館は、ベトナム南部フーカイン省で、イカ釣りに使っていた二隻の籠舟《かごぶね》（直径百七十センチのものと直径百八十センチのもの）を入手し、同館へ運んだ。届いた舟は御伽話《おとぎばなし》の一寸法師が乗るお椀《わん》のような形に竹で編んだ籠舟であった。しかも牛《ぎゅう》糞《ふん》とヤシの実の油を混ぜたものを塗って「目止め」がなされていた。まさに「無目《まなし》」の籠舟であった。

籠舟

「目」の上代音は「ま」であり、そういう古い発音は「複合語」の中に残るケースが多い。目のふたを「まぶた」という。目の毛は「まつげ」である。その他「まばたき」「まなざし」「まなこ」など、今も目のことを「ま」と言っている。

ここでは、竹かごの目を、しっかり「目止め」することを「無目《まなし》」と言うのである。

第三章　空中楼閣を必要としない祭祀

空中楼閣があって倒れたという伝承は、その楼閣を必要とする祭祀から、それを必要としない祭祀へと移行したからである。つまり、籠《この》神社という祭祀施設が誕生し、在来の祭祀施設が不要になったのである。

そして縄文の空中楼閣への思いは、いつしか『丹後国風土記（逸文）』の「天橋立《あまのはしだて》」伝承となって残ったのである。

籠神社は、その社家（海部《あまべ》家）に『海部《あまべ》氏系図』（国宝）という古い系図が伝わっている神社である。

「竪系図《たてけいず》」という形式の系図で、紙を縦につなぎ、中央に薄く縦に棒線を引き、棒線の上に「始祖彦火明命《ひこほあかりのみこと》」以下直系の人びとの名を記したものである。

『古事記』『日本書紀』によると、イザナギノミコトは、その妻イザナミノミコトと

『海部氏系図』

ともに「天御柱《あめのみはしら》」という柱の周りをまわって「島生み」をされたとある。
イザナギノミコト、イザナミノミコト二神は一本の柱の周りをまわったのであろうか。いや、真脇のような複数本の柱で構成されたサークルの周りをまわったのである。
各地から出土のストーン・サークル（環状列石《かんじょうれっせき》）も同様の祭祀用の役目を果たしたものであろう。ストーン・サークルは、縄文中期（後半）～縄文後期のものが多く

大湯のストーン・サークル

出土しており、二重～三重に石を丸く並べ、中央には直径五メートルくらいの円形広場（方形の場合もある）がある。最古のものは、長野県の阿久《あきゅう》遺跡で、縄文前期のものである。

　よく知られるストーン・サークルは縄文後期のものであり、大湯《おおゆ》など秋田県、青森県、北海道から出土し、直径三十メートルくらいのものである。真脇の場合は、それをウッド・サークルとして造ったものである。

　真脇遺跡一帯が湿地のため、柱の根が残り、その材質と太さによって構造計算され、巨大な祭祀用掘立柱構造物であるとされている。

諏訪大社　御柱祭

諏訪大社（長野県）に六年に一度、「御柱祭《おんばしらさい》」という四本の柱を立てる神事がある。

巨大な柱を山から伐り出してきて、上諏訪（前宮と本宮）と下諏訪（春宮と秋宮）で、それぞれ四本ずつの柱を立てる。

縄文期のウッド・サークルを立てる神事が今に伝わったものである。

神社に向かって左手前を一の御柱、左手奥を二の御柱、右手奥を三の御柱、右手前を四の御柱といい、左手前から時計回りとなっている。それをつなぐとサークルに

諏訪大社 下社春宮

諏訪大社 下社春宮の一の御柱

なる。

四本の「柱」の中央に、今は本殿が建てられているが、もともとの姿は本殿がなかった。本殿が建てられた後も四本柱を立てる神事として残っている。天と地を行き来する天橋立や、三内丸山の六本柱、真脇の十本柱と同種のものであろう。

他地域には稲作が伝わり「稲作祭祀」へと移行したのに対し、諏訪は、寒さに強い品種の稲が開発されるまで稲作が行われていなかった。そういう高冷地なるがゆえに「稲作以前の祭祀」が残ったのである。

ところで、伊勢神宮では正殿《しょうでん》の床下に立てる柱を「心《しん》の御柱《みはしら》」と呼ぶ。二十年に一度の遷宮における最初の祭り「山口祭」が終わると、「心の御柱」の用材を伐るための祭りがあって、それを「木本祭《このもとさい》」という。

「木」の古い発音が「こ」であり「このは」「このみ」「こっぱ」「こもれび」など、「こ」という古代語を今でも使っている（「こ」の発音は「き」に変化するが、変化する以前に、これらの語が誕生していて、密着度の強さから「きのは」「きのみ」などの新語を生み出せなかった）。

次いで「心御柱祭《しんのみはしらさい》」を行って「心の御柱」を立てる。そして次の遷宮までの間、旧正殿のあったところを更地《さらち》にする。そのような敷地を「古殿地《こでんち》」と呼ぶが、その「古殿地」の旧正殿の「心の御柱」のあった場所に「覆屋《おおいや》」を建てる。それが「心の御柱の覆屋」である。

諏訪大社に、もう一つの不思議な神事がある。「御頭祭《おんとうさい》」と呼ばれ、鹿の頭を神饌《しんせん》として供えるものである。

伊勢外宮「心の御柱」の覆屋

この「御頭祭」も「御柱祭」とともに、狩猟採集時代の祭祀を伝えたものであり、縄文時代のご馳走としての鹿の頭を供える。その祭神は「建御《たけみ》名方《なかたの》神」である。「国つ神」の中心「大国主《おおくにぬし》」の子で、父や兄（事代主《ことしろぬし》）が考える「国《くに》譲《ゆず》り」に反対した神である。

「天つ神」としてのニニギ

諏訪大社 御頭祭

ノミコトが地上に降臨（天孫降《てんそんこう》臨《りん》）する際、それに先立って「大国主」に「国譲り」してくれないかと交渉するためにやってきた神の名を「武御雷神《たけみかつちの》」という。その神と戦ったのが、建《たけ》御名方神《みなかたの》（南方刀美神《みなかたとみの》、建南方《たけみなかたの》神などともいう）である。しかし、負けいくさとなって出雲から逃げ出す。母（奴奈川姫《ぬなかわひめ》）の出身地「糸魚川」へと向かったようである。

糸魚川市にはフォッサ・マグナが走り、その地は日本の東西の境界線の北端である。世界的に珍しいヒスイの産地で、その地の豪族が、逃げてきた建南方の祖父であり、彼を南に逃がしてやる。

南に向かう道として今の国道一四八号線がある。それはフォッサ・マグナでもあり、そこを南進した。

糸魚川市に立つ奴奈川姫と南方刀美の母子像

「建御名方《たけみなかた》」とも書くが、意味は「建南方《たけみなかた》」であって「建」は「たけだけしく」ということを意味する形容詞で、たけだけしく南に進むというのが「建南方」の意味である。

そのようにして長野県白馬村の「嶺方《みねかた》」というところに到着する。「嶺方」というのは「南《みな》方《かた》」がなまったもので、そこに「嶺方諏訪《みねかたすわ》神社」(旧県社)がある。建南方がここを通ったため「嶺方諏訪神社」というのであろう。

そこから上田市の「生島足島《いくしまたるしま》神社」(旧国幣大社)に向かったと思われる。同社から真南に

嶺方諏訪神社

むかって「大門街道《だいもん》」が走っている。「大門」は諏訪の大門の意で、その南端「大門峠《だいもん》」を越えたところが、諏訪大社（下社）である。

ところで「生島足島神社」の境内に諏訪の神が「二宮」として祀られている。「建南方」は諏訪に向かう途中、生島足島神社の境内を通るにあたり「生島足島の神」に粥《かゆ》を献じたと伝える。

同社境内において「諏訪の神」が南方に向かう姿で南面して建ち、「生島足島の神」がそれを出迎えるかたちで北面していて、しかも「池の中」にある。「池の中」ということの意味がよ

生島足島神社

諏訪大社 下社秋宮御本殿

くわからない。防御のためか、抵抗しませんという意味か、不明である。

池の中の神は「島」であり、明治まで本殿がなく、島を「神体」としてきた。「諏訪の神」は社殿があるのに「生島足島の神」は本殿を持たない神である。今は「島」の上に本殿が建っている。それでもなお大床《おおゆか》（本殿のなかの神体を安置する床を「大床」という）を持たない神社である。

同社正面に島に渡る橋がある。「神橋《しんきょう》」と称し、祭りの時に神が渡る橋である。人は横の仮橋を渡る。

この後「建南方」は、さらに南へ進む。そこが諏訪である。

諏訪の地に到着した後、後方から追撃してきた武御雷《たけみかつち》に降参する。諏訪を出ていかないことを条件に、死を免れる。その後、約束を守り、諏訪を離れず留まり続けている。

そのようにして諏訪の神が祀られ、父の神（出雲の神）との関わりを感じさせる「しめ縄」（天つ神を祀る伊勢神宮には「しめ縄」がない）が張られている。「諏訪の神」と「出雲の神」の親子関係は、このような離れたところに残る「しめ縄」の共通性からも知られる。

出雲大社

出雲大社に本殿が建てられる前の姿は不明であるが、諏訪大社の御柱《おんばしら》のような祭祀施設があったのではないか。そういう記憶を基礎にしていたため、太古の出雲大社（後述）が高層神殿となったのではないか。

出雲大社境内から、現本殿の二倍の高さだった時代の三本柱をしばった柱根が出土した。

平成十二年から十三年にかけて発掘調査があり、出土した三本柱（宇豆柱《うずのはしら》）により、出雲大社が高層神殿であったことが立証された。さらに古い太古の出雲大社が建築学の立場から復元されている。

柱の出土地点

記紀を参考にすると「国譲り」の条件として「天つ神の宮殿」と同じものを建てるよう要求され、その要求に従って建てたとある（ここにも「天つ神祭祀」と「国つ神祭祀」の習合があり、「天つ神祭祀」の四部屋構造の居住空間と「国つ神祭祀」の空中楼閣の習合）。

「葦原中国の国譲り」とは、そのような無理難題の条件下、交渉成立にいたったのである。

現在の出雲大社は高さ二十四メートル（伊勢内宮は十二・五メートルで、約二分の一）である。太古の出雲大社はその四倍の九十六メートルであった。まさに空中楼閣であ

復元された太古の出雲大社

る。ただし、平安時代の出雲大社は高さ四十八メートルであった。

平安期の『口遊《くちずさみ》』という文献に、当時の三大建築の暗記法を記して「雲太《うんた》・和二《わに》・京三《きょうさん》」とある。平安京の大極殿（三郎《さぶろう》）より

出土した出雲大社の宇豆柱

高い和州《わしゅう》（大和）大仏殿（二郎《じろう》）をしのぐ「太郎」が出雲大社だというのである。『東大寺要録』所引「大仏殿碑《だいぶつでんのひ》」によると、当時の大仏殿は「幅二十九丈（八十五・八メートル）、奥行き十七丈（五十・三メートル）、高さ十二丈六尺（三十七メートル）」であった。この高さ三十七メートルをしのぐ四十八メートルというのが、平安期の出雲大社である。

これに対し「天つ神の祭祀」としての伊勢神宮は、古来、高さ十二・五メートルであり、高さを競わない。天つ神の祭祀には空中楼閣を必要としないのである。

日本の稲作のルーツとみられる中国長江下流域（浙江《せっこう》省の杭州湾付近）の遺跡や、その上流の苗《ミャオ》族の棚田では空中楼閣が出土していない。「稲作祭祀」は空中楼閣を必要としない文化なのである。

第四章　稲作祭祀

日本のいくつかの地域、佐賀、三重、京都などに、中国（秦《しん》）から「不老不死の薬草」を求めてやってきた徐福《じょふく》が上陸したとする伝承地がある。有力とされるのが、三重県熊野市波田須《はだす》町である。

李氏朝鮮時代（十五世紀）に著された『海東諸国紀《かいとうしょこくき》』によると、徐福は「不老不死の薬草」を求めて日本の「紀州」に上陸し、日本で亡くなり、「神」となって人びとに祀られたと記されている。

熊野市（旧・紀州）の波田須町では、秦の始皇帝の統一後に鋳造された貨幣（秦半両銭《はんりょうせん》）が出土している。また、同町に徐福を祀る「徐福神社」がある。

同じ熊野市の熊野川上流に「丸山」というところがあって、第三章で触れたミャオ族（苗族）の「棚田《たなだ》」を思わせる「丸山千枚田《せんまいだ》」がある。これと後述する中国のミャ

徐福神社

オ族の「棚田」がきわめて類似している。

『史記』（巻百十八）によると、徐福は二二〇〇年前、秦の始皇帝の命により「東方の三神山」に「不老不死の薬草」を求めて、三千人の男女と百工（多くの技術者）を従え、五穀の種を積んで出航し、「平原広沢《へいげんこうたく》」を得て王となり、秦には戻らなかったとされている。この出来事は、紀元前二一九年のこととみられる。列島の主要部分が縄文時代を終え、弥生時代を迎える頃である。

「平原広沢」とは、広々とした

平野と湿地という意味である。彼らが営んだ水田が広々としていたということであろう。

　前述のように「徐福」の船団は三千人に及ぶものであったから、上陸後の三千人に対する「食」の提供について事前計画を立てていたはずであって、その中に山がちの日本の地形を考慮し、ミャオ族から選ばれた人びとが船団に加えられ、日本における最初の「棚田」を造ったのではないか。

　日本の諸地域に「棚田」があるが、そのうちの古いいくつかは、この人びとやその子孫たちが造ったと考えたくなるほど似ていて、しかもミャオ族が日本にやってくるとすれば、この機会以外にふさわしい時期がないのではなかろうか。

　紀元前十世紀に玄界灘沿岸の水田稲作が伝わった後、玄界灘沿岸を除く九州全域や近畿以西の主要地域に水田稲作が流布する時期はきわめて遅れるのであって、およそ紀元前三世紀とされているのである。

　日本の水田稲作流布の時期とミャオ族の「棚田」が伝えられたと考えられる紀元前二一九年がほぼ同時期であることからみて、この時の三千人の船団の多くを占めている「農」の集団が与えた影響が、日本の水田稲作流布の引き金となったのではなかろうか。このようにしてミヤオ族の「棚田の技法」が伝わったと考えられる。

「徐福上陸」伝承地は、前述の「熊野」以外では丹後半島の「伊根《いね》」と「佐賀」が有力である（徐福船団は巨大な船団であるから「食」の安定供給のため、数班に分かれての上陸となり、その一つが前述の「熊野」であったとして、同様の伝承を伝える丹後半島の伊根班と佐賀班に分かれてのものではないか）が、それらの地方にも「棚田」がみられる。上陸が仮に上記三カ所、それぞれ三分の一ずつだったとすると、一カ所千人となるが、その人びとが帰国しなかったと伝えているので、その千人という数は当時の日本の人口からいって、大きなインパクトだったと考える。

丸山千枚田

この船団は「倭」に向かって出国したのち一度ひき返したが、五島列島までは来たと思われる。航行を開始して、黒潮に乗ると、すぐ五島に着くからである。ちなみに遣唐使船の日本での最終寄港地が五島列島である。第一次船団は、出航後、まず五島列島に到着したことであろう。

ミャオ族の棚田

伊根の千枚田

徐福らが、その時、見たのは「稲作」が始まっていない「倭」であった。倭人は漁撈と島のジャングルでの狩猟でのみ「食」を得ていた。彼らはそれを見て「薬草」発見までの日々は長くかかるとみて「食」の心配をしたであろう。

さらに「倭」の「衣」と「住」を見て、出港前における準備が充分でなかったと反省したはずである。三千人の「食」を漁撈と狩猟で得ることはきわめて困難であった。焚書坑儒《ふんしょこうじゅ》をやってのける始皇帝の強烈な怒りを顧みることなく、一度引き返した原因は、そのような準備不足にあったと考える。

徐福は、船団の構成員を、倭での生活の長期化を想定して「薬学」の専門家たちから「衣・食・住」のための人員を中心とするものに切り替えた。「不老不死の薬草」を持ち帰ることのない「二度目の帰国」を、始皇帝は決して許さない。そうなれば、多数の受刑者とともに、自分の命もないと考えたことであろう。

追い詰められた徐福は「薬草」が見つからない場合は帰国しない、つまり「亡命」を考えたとみる。

だとすると、『史記』の「秦に戻らなかった」という伝えや『海東諸国紀』の「紀州で亡くなり神となった」という伝えは、徐福たちの日本移住を意味するのではないか。

この一族は機織《はた》りを生業《なりわい》とし、日本で「秦氏《はた》」となったという日本側の伝え（『新撰姓氏録《しんせんしょうじろく》』）も考慮しなければならない。

彼らの上陸後の「衣・食・住」を見た日本人は、それにあこがれ、それを学ぼうとしたに違いない。

われわれが今日「和服」と呼んでいる服は、中国から伝わった服（呉服《ごふく》）である。彼らは呉服を着て上陸し、呉服を着て労働した（当時の倭人たちの服は『魏志倭人伝』によると「貫頭衣《かんとうい》」であった）。

また彼らの船には「蚕《かいこ》」が積まれていた。そして上陸後、生糸《きいと》を紡《つむ》ぎ、機織りを行った。上陸後の彼らの伝承が「秦氏《はた》」伝承へと切り替わっていることをふまえていえば、彼らの影響下、日本人の着る着物も「貫頭衣」から中国華南地方の襟が開いた服（呉服）に移行するのを促したと考える。

彼らの主食は「米」であった。日本人の主食は、紀元前十世紀に水田稲作が始まった玄界灘沿岸を除く九州全域〜近畿以西において紀元前三世紀に肉食から米食へと切り替わるが、そのことが促進されたと思われる。

倭人の住まいは「竪穴式住居」であった。彼らの住まいは「高床式住居」であった。

沖縄海洋博の時、インドネシア（トラジャ族）から「高床式住居」が運ばれた（現在、海洋博記念公園収蔵庫に収められている）。

それは弥生時代の銅鐸《どうたく》に描かれた線描《せんびょう》の住居図や、弥生遺跡から出土する柱穴に基づき復元されている池上曽根遺跡（大阪府和泉市・泉大津市）などの建築にそっくりなのである。

上　池上曽根遺跡
右　トラジャ族の住居

妻の中央に「棟持柱」のある伊勢内宮

この「高床式住居」は、掘立柱で建てられるとともに、妻の中央に「棟持柱《むなもちばしら》（棟を持ち上げる柱）」のある建築であった。「棟持柱」は、今日みられる神社建築では、伊勢神宮およびそれを移築した熱田神宮、仁科《にしな》神明宮などでみられる。建築技術が進歩し、一般の神社は、柱を（土中に埋めず）礎石の上に立てる技法になったため「棟持柱」はない。

そういうなか、掘立柱の技法を守ったのが伊勢神宮（それを「唯《ゆい》一神明造《いっしんめいづく》り」という）である。ただし「棟持柱」は、弥生時代の住居の柱穴では普通にみられるものである。

徐福ら三千人の「衣・食・住」に接した日本人はそれにあこがれ、それを学んだ。「水田稲作」が紀元前十世紀に伝えられただけでは新しい文明は広く「普及」していなかった（明治の西洋文明も、黒船がやって来ただけでは普及しない。横浜や神戸に移住した西洋人の「衣・食・住」を見た日本人がそれにあこがれ、それを学ぶことによって普及した）。そういうなか「水田稲作」を行う男女三千人の「衣・食・住」は、新しい文明が普及していく上での大きな後押しとなったと思われる。

そのような「水田稲作」とともに、新嘗祭《にいなめさい》（新穀感謝の祭り）や祈年祭《きねんさい》（豊作を祈る祭り）などの「稲作祭祀」（弥生時代の祭祀）が開始された。

新しい「稲作祭祀」は、在来の神を「国つ神」（縄文時代の神）、新しい神を「天つ神」と言い分ける以外に区別を行わず、両者を総合して「神」とした。

海外の例えば「パルテノン神殿」など、アクロポリスの神殿は、六世紀のキリスト教に取り込まれて破壊され、新しい文明の普及は在来の神殿を「廃墟」にすることから始まった。わが国では、縄文時代の信仰を尊重し、その祭りと神話を後世に伝えた。

たとえば「柱」を立て、その柱で「動物の霊を天に送る」ことが「縄文祭祀」であったから、縄文祭祀では神の数を「ひとはしら」「ふたはしら」と数えた。その数え方を「天つ神」の数え方においても採用した。

われわれは、今、神の数を「ひとはしら」「ふたはしら」と数えるが、そのことの根底に「縄文祭祀」における神の数え方が残っているのである。

日本の稲の最古のものは、岡山県の朝寝鼻《あさねばな》貝塚の下層から出土の今から六〇〇〇年前の栽培種の稲のプラント・オパール（植物珪酸《けいさん》体化石）であるが、その三〇〇〇年後の紀元前十世紀になって「水田稲作」は開始された。

「稲」の伝来だけでは、土器は弥生式土器に移行しないのであって、かつて言われた稲の伝来イコール弥生時代の始まりという説は誤りであった。

「水田稲作」は、唐津市の「菜畑《なばたけ》遺跡」（縄文晩期の紀元前十世紀の遺跡）が最古である。同遺跡から炭化米や石包丁《いしぼうちょう》などの農具とともに日本最古の「水田」が出土した。

「縄文水田」とも呼ばれるもので、先進地域では紀元前十世紀に弥生時代が始まった。

次に古い「水田」は、福岡市の「板付《いたづけ》遺跡」から出土した。同遺跡から、縄文最後の土器（夜臼式《ゆうすしき》土器）と弥生最初の土器（板付式《いたづけしき》土器）が同時に出土した。「水田稲作」の先進地域は、そのような玄界灘周辺である。

しかし、このような「水田稲作」が開始されただけでは、地域によっては弥生時代へ移行したとはいえない。

九州全域〜近畿以西にかけての受け入れ側は、そのような「水田稲作」を受け入れた後も、土器や稲刈りの道具などの場合において、縄文時代の道具を使っていた。弥生文化への縄文側の抵抗である。

「土偶」など、縄文時代の道具による「縄文祭祀」も行った。これも弥生文化への縄文側の抵抗である。土器で煮炊きするという世界でも珍しい狩猟採集文明は「水田稲作」を受け入れた後においても抵抗し続けたのである。

前述の通り「水田稲作」は紀元前十世紀に始まったが、九州全域〜近畿以西にかけての「水田稲作」は、紀元前三世紀を待たねばならなかった。

紀元前十世紀〜紀元前三世紀の七〇〇年をかけて、「縄文時代」から「弥生時代」への移行が行われたのである。

そのような時期、秦からやってきた男女三千人の新しい「衣・食・住」は、日本人にとって強いインパクトとなった。そして「弥生文化への傾斜」を強く後押しした。この移行期に、信仰の方も「天つ神」（弥生時代の信仰）と「国つ神」（縄文時代の信仰）の習合（六世紀の仏教伝来後、神仏習合が進展するが、縄文の信仰と弥生の信仰の習合の体験がそれを後押しする体験となったとみる）があって、両者を一体化した「天つ神国つ神」の信仰となった。

それが、今につづく「神祇《じんぎ》信仰」（あまつかみの漢語訳が「神《じん》」。くにつかみの漢語訳が「祇《ぎ》」）である。

第五章　縄文祭祀と弥生祭祀の共存

縄文祭祀をうかがうことのできる祭祀として諏訪大社の「御頭祭《おんとうさい》」がある（第三章参照）。この祭りにおける神饌《しんせん》は「鹿」であるが、鹿とともに縄文時代のご馳走だったのが「猪」であった。

「猪」を神饌として供えるのは、九州山地の山中、宮崎県米良《めら》の「米良神楽《めらかぐら》」（銀鏡《しろみ》神社）である。

「米良」は、江戸時代にいたるも焼畑《やきはた》耕作（稗《ひえ》や粟の栽培）を行っていて、稲作が行われなかった。一万石以上（米の取れ高）の藩主を大名《だいみょう》と呼んでいた江戸期に「米良」をわが藩だと唱えた大名がいなかった。米が採れないためである。

江戸時代の九州の地図を見ると、米良への交通路が記されていない。米良は、椎葉《しいば》や五家荘《ごかのしょう》とともに、地図に墨塗りされていた地域で、地図製作者にとって、この地は図面を描けない地域であった。

そのような江戸時代の米良に入った人物がいる。寛政の三奇人の一人・高山彦九郎である。彦九郎は、肥後の「人吉《ひとよし》」から東行し、山中をめぐって米良に入った（高山彦九郎『筑紫日記』）。

銀鏡神社の神饌

このような地に「米良神楽」（国の重要無形民俗文化財）が伝わっている。民俗学の最高の賞（柳田國男賞）受賞の石塚尊俊氏『西日本諸神楽の研究』によると、この神楽は「日本最古の神楽」である。

その神楽の演目に「ししとぎり」というのがある。弓と矢を持った夫婦が「猪」の猟《りょう》へと出かける。そのような神楽である。

「しし」は「猪」を意味する。「きり」は「伐《き》る」の連用形が名詞化したもの。「と」は「頭《とう》」がなまったものとされるが、訓読み基調のことばに音読みが混じるのは不自然。頭が胴から「途ぎれる」こと

ししとぎり

をいったものであるから、その行為を行う側から「途ぎる」といったのではないか。

狩猟採集生活時代の「神饌」が伝わったものとして、もう一つ、春日若宮おん祭り（十二月十五～十八日）初日（大宿所祭《おおしゅくしょさい》）の「懸物《かけもの》」があげられる。「懸物《かけもの》」とは、正規の年貢のほかに割りあてられる「税」のことで、春日社は周辺の諸大名や有力武士に神税《しんぜい》（古くは神戸《かんべ》から徴収する税であったが、この時代には旧神戸とその周辺の有力武家に奉納を求めた）を課すことができた。この「懸物」に対し、次のような「囃子歌《はやしうた》」が残っている。

センジョ行こう　マンジョ（万衆）行こう
センジョの道に何がある
尾のある鳥と尾のない鳥と
センジョ行こう　マンジョ行こう

春日若宮おん祭り「大宿所祭」の懸物

というものである。
センジョは「遍照《へんじょう》」が訛《なま》ったものとされ、遍《へん》照院《じょういん》のことである。「尾のある鳥」は、雉《きじ》をさす。「尾のない鳥」とは、何をさすのであろうか。「ウサギ」である。
狩猟採集生活時代のご馳走の一つである「ウサギ」（縄文遺跡の三内丸山では主食）を獣《けもの》としないで「尾のない鳥」といって供え、今日に至っている。

イギリス湖水地方のストーン・サークル

イギリスの湖水地方に「ストーン・サークル」のあることは、よく知られている（紀元前二五〇〇年～紀元前二〇〇〇年の遺跡）。

Easter（ドイツ語の Ostern）は、ゲルマン人の春の女神（Eostre）が転じた語で、春の初めに、今年の狩猟の獲物がゆたかでありますようにと祈る祭りである。Easterは、このような「ストーン・サークル」で行ったものではないか。

秋の終わりになると、また、ここで獲物《えもの》への感謝祭（Halloween）を行った。「秋の終わり」（現在は十月三十一日）に行われるHalloween の趣旨は、今年の獲物《えもの》への感謝であるが、春日若宮おん祭りは、明治まで陰暦九月十七日（陰暦は七～九月を秋とし、九月はそのうちの晩秋）に行われていた。祭りの趣旨は Halloween と同じで、秋の終わりの感謝祭（現在は十二月十七日）であり、このような祭りは、人類共通のものであり、太古にさかのぼるものである。

そのような感謝祭に残った縄文祭祀のおもかげが、キジとウサギを供える「大宿所祭」である。

縄文遺跡から出土した獣骨の種類をあげてみると鹿、猪、ウサギ、熊、狐、猿、狸、ムササビ（ネズミ目リス科の哺乳類）、カモシカ、鯨、イルカ、アザラシ、オットセイなどがあげられる。弥生遺跡からも、獣骨が出土する。鹿、猪、ウサギ、熊、猿などである。これらは弥生時代の食に残った狩猟採集生活時代の面影であって、時代が変わっても、味覚は変わらないものなのである。

中国ではブタを「家猪《カチョ》」、イノシシを「野猪《ヤチョ》」といい、単に「猪《チョ》」という場合「家猪」をさす（中国の歴史小説『西遊記』にみられる「猪八戒《ちょはっかい》」はイノシシではなくブタ）。

弥生時代に、中国または朝鮮半島から「家猪」が伝わった。

『日本書紀』安寧十一年正月条と、同書天武十三年十二月条に「猪使《いつかい》」氏という姓がみられる。当初は猪使連《いつかいのむらじ》であった。天武天皇の八色《やくさ》の姓の制定により、猪使宿祢《いつかいのすくね》

（『新撰姓氏録』では右京皇別）となる。

『日本書紀』欽明十六（五五五）年七月条には、吉備国に「猪屯倉《いのみやけ》」を置くようにという命がくだっている。「猪屯倉」の職に従事する者には「白猪史《しらいのふひと》」という姓が与えられた。この時の「猪」は「野猪」ではなく、白い「猪」というのであるから「家猪」とみられる。狩猟採集生活の味覚である「野猪」への思いが、新たに伝わった「家猪」への執着心となるのである。

『魏志倭人伝』によると、日本には「牛」と「馬」がいないとある。その後、平安初期の『古語拾遺』に、次のような記事がみられる。

　田を営《つく》る日、牛の宍《しし》を以て田人《たひと》に食《く》はしめき。時に、御歳神《みとしのかみ》の子、其の田に至りて、饗《あへ》に唾《つば》きて還り、状《さま》を以て父に告《まを》しき（御歳神の子は憤慨して父に告げ口をした）。《中略》（その怒りを鎮めるために）牛の宍《しし》を以て溝の口に置き、男茎形《をはせがた》を作りて、之に加え（男根の形の品を作って、牛肉に添える）、薏子《つすだま》（ジュズダマのこと）・蜀椒《なるはじかみ》（サンショウのこと）・呉桃《くるみ》の葉、及《また》塩を以て、其の畔《あ》に班《あか》ち置くべし（田の畔に散布しておく）とのりたまひき。仍《よ》りて、其の教へに従ひしかば、苗の葉、復《また》茂りて、年穀《たなつもの》豊稔《ゆたか》なり。是、今の神祇官、白猪・白馬・白鶏を以て、御歳神を祭る縁《ことのもと》なり。

田植えをしてもらった農夫たちに、雇用主は通常以上の重労働だったとみて「牛」の肉を食べさせた（後に白猪・白馬・白鶏が御歳神を祭る際のお供えになったが、古くは牛を御歳神に供え、神専用のご馳走であるのに、民が食べたとして御歳神の子が憤慨し、父神に告げ口したとあるので、民の通常の食卓にのぼるものではないながら、特別な時、たとえば祭りのあとの直会《なおらい》では食べた）ことが知られる。

時代はくだるが、江戸時代の武士の服喪《ふくも》規定（服忌令《ぶっきれい》）によると、近親の死後（十日間）の食肉が禁じられている。

ということは、近親の死後十日以内をのぞくと、武士は食肉を禁止されていなかった。春日若宮おん祭りでは、神饌として、野山から得られる獣肉を供えた。供えているのは武士。したがって、武士は直会で獣肉を食べた。古来の神饌であり、仏教が伝来しても不変であった。

獣肉を供えた後「直会」（祭りが終わったのち、お供えの御酒を飲み、神饌を食する宴）において、これを関係者で食べた。

奈良時代には、仏教が普及し、その思想に基づき、食肉を禁じる法が幾度か出されている（『続日本紀』）。法が出るということは、出る前は食肉していたこと、幾度も出されるということは、出されてもしばらくたつと、もとの食に戻ってしまうので、また出されるということである。

『続日本紀』天平四（七三二）年七月六日の条に、仏教の信仰の篤い聖武天皇が、畿内の人びとから家畜の猪（四十頭）を買いとり、山に逃がしてやったということが記されている。

法を出しても抑えることのできない食肉習慣への緊急措置であり、崇仏の天皇をして、このような行動に走らせてしまうほどの目に余る食肉習慣であったということである。それほど定着している食肉が背景にあった。

現存最古の国語辞典『和名抄』（平安中期）によると、猪とウサギが食品のなかに記載されている。猪やウサギは、奈良〜平安時代における普通の食材であった。

平安期の『延喜式』春日祭祝詞の神饌品目に「山野の物」とあり、同書の広瀬祭祝詞によると「山の物」とは「毛の和物《にご》・毛の荒物」とあり、獣肉が供えられていた。

平安末の説話集『今昔物語』では、庶民が猪肉を買いに行く場面が描かれている。

鎌倉時代になると『百錬抄《ひゃくれんしょう》』嘉禎二（一二三六）年条に、武士が寺で鹿を食べているると記されている。

藤原定家の日記『明月記』安貞元（一二二七）年条に、貴族たちはウサギと猪を食べると記されていて、食肉習慣は武士だけのものではなく、上記の批判も、寺内で食べるのを批判したものである。

室町時代になると、年中行事や各種事物の話題を集めた『尺素往来《せきそおうらい》』に、猪、鹿、カモシカ、熊、ウサギ、狸、カワウソを食べると記されている。

江戸時代になると、当時の政府（江戸幕府）が戸籍を僧に管理させる寺請《てらうけ》制度を採択したため、庶民は食にまで僧の指導を受けた。したがって、庶民は食肉をタブー視し、ほとんど食べなかったようである。

一方、将軍や大名の間では、牛肉が好まれ、近江牛（彦根藩主から将軍と御三家に対し、お歳暮として牛肉の味噌漬けを贈っている）、但馬牛、会津牛、津軽牛、出雲牛、信濃牛、甲斐牛は各地の特産品にまでなっている。薩摩藩では豚が飼われ、島津家は豚が好物の将軍（徳川慶喜）に豚を贈っている。

これら牛や豚を食べる習慣は、前引の「服忌令」をもとに考えると、将軍や大名に限ったことではない。多くの武士たちにとって、めったに手に入るものではなかったかもしれないが、需要があり、供給もあったのである。

牛肉以外の食材も、猪の肉は「牡丹肉」、馬の肉は「桜肉」、鹿の肉は「紅葉肉」とする言葉まで今に残っているので、それらを時には食べることがあった。

各神社では、キジなどの野鳥、鴨などの水鳥、鯛などの海の魚、鯉などの淡水魚を「神饌」として供えていた。時には鹿や猪を供えた（前述のように仏教思想との矛盾からウサギを「尾のない鳥」と称しつつ供えることもあった）。

このような神饌は、仏教が入ってくる以前の食が残ったものである。

したがって、明治となって寺請《てらうけ》制度が廃止されるや、庶民はただちに「すき焼き」（農具の鋤《すき》で肉を焼く）などの方法で、食肉習慣を復活させたのである。

弥生時代の祭祀では、稲を「御饌《みけ》」として供えた。

日本の「稲」の最古のものは、岡山県の朝寝鼻《あさねばな》貝塚出土のものである。貝塚基底部出土の貝殻や土器は約四千年前、縄文後期であり、その下層から縄文前期の掻器《そうき》・石《いし》鍬《ぐわ》・獣骨・炭などが出土し、約六千年前の遺跡であるが、その土の中から栽培種の稲のプラント・オパール（植物珪酸《けいさん》体化石）が出土した。したがって「稲」は縄文前期

『都鄙問答』と石門心学 —近世の市場経済と日本の経済学・経営学
由井常彦 著
日本的経営の諸原則は石田梅岩にある。
ISBN978-4-86600-060-2 2,400円

社会力の時代へ —互恵的協働社会の再現に向けて
門脇厚司 著
危機的状況にある人類社会、今何が必要か。
ISBN978-4-86600-048-0 1,800円

死にゆく子どもを救え 途上国医療現場の日記
吉岡秀人 著
アジアで二万人を救った小児外科医の記録。
ISBN978-4-902385-74-8 1,300円

国境なき大陸 南極 きみに伝えたい地球を救うヒント
柴田鉄治 著
地球があぶない！ ただひとつの解決策とは！
ISBN978-4-902385-79-3 1,400円

人類新生・二十一世紀の哲学 **人間革命と宗教革命**
林兼明 著
古語研究を基に多彩な思索で人類救済を説く。
ISBN978-4-9900727-3-5 3,000円

和の人間学 —東洋思想と日本の技術史から導く人格者の行動規範
吉田善一 著
社会や科学技術に役立つ日本的人間力を探究。
ISBN978-4-905194-67-5 1,800円

〔エッセイ〕

家事調停委員の回想 —漂流する家族に伴走して
中島信子 著
様々な事件に関わってきた著者による実話。
ISBN978-4-86600-035-0 1,800円

日本人の祈り こころの風景
中西進 著
現代の世相を軸に、日本人の原点を探る。
ISBN978-4-905194-26-2 1,600円

私は二歳のおばあちゃん アメリカ大学院留学レポート
湯川千恵子 著
還暦で米国留学！バイタリティあふれる奮闘記。
ISBN978-4-902385-43-4 1,600円

心に咲いた花 —土佐からの手紙
大澤重人 著
第56回高知県出版文化賞受賞
高知県を題材として、人々の強さ、優しさ、苦しみ、悩みを生き生きと描いた人間ドラマ。
ISBN978-4-905194-12-5 1,800円

泣くのはあした —従軍看護婦、九五歳の歩跡
大澤重人 著
看護婦として日本の旧陸軍と中国八路軍に従軍した一人の女性の波乱万丈の生涯を描く。
ISBN978-4-905194-95-8 1,800円

アフリカゾウから地球への伝言
中村千秋 著
三十年にわたる研究調査から学んだ地球の未来。
ISBN978-4-86600-011-4 1,800円

〔文学〕

吉田健一ふたたび
川本直・樫原辰郎 編
気鋭の書き手たちが描く新しい吉田健一。
ISBN978-4-86600-057-2 2,500円

森の時間
前登志夫 著
自然と人間の深奥を捉えた名篇、ここに甦る。
ISBN978-4-905194-69-9 1,800円

山紫水明綺譚 京洛の文学散歩
杉山二郎 著
江戸っ子学者による博覧強記の京都の話。
ISBN978-4-902385-93-9 2,400円

おなあちゃん —三月十日を忘れない
多田乃なおこ 著
東京大空襲を生き延びた十四歳の少女の実話。
ISBN978-4-902385-69-4 1,400円

新版 ドイツ詩抄 珠玉の名詩一五〇撰
山口四郎 訳
音読にこだわったドイツ詩集の決定版。
ISBN978-4-902385-59-5 2,200円

ドナウ民話集
パウル・ツァウネルト 編 小谷裕幸 訳
ドナウ川流域で語られてきた話100編の初の邦訳。
ISBN978-4-86600-017-6 4,800円

中国雲南省少数民族民話選 **木霊の精になったアシマ**
張麗花・高明 編訳
中国雲南少数民族が語り継ぐ人間愛。
ISBN978-4-86600-066-4 2,800円

地名は警告する 日本の災害と地名

谷川 健一 編

北海道から沖縄まで、各地の第一人者による災害地名探索。

ISBN978-4-905194-54-5
2,400円

東日本大震災詩歌集 悲しみの海

谷川 健一・玉田 尊英 編

深い悲しみときびしく辛い状況に向き合い、拭えない想いを紡いだ詩歌のアンソロジー。

ISBN978-4-905194-40-8
1,500円

津波のまちに生きて

川島 秀一 著

気仙沼に生まれ育ち、被災した著者が、大災害の状況と三陸沿岸の生活文化を語る。

ISBN978-4-905194-34-7
1,800円

海と生きる作法 ―漁師から学ぶ災害観

川島 秀一 著

東日本大震災から六年、漁師にとっての「復興」は？ 漁師の自然観・災害観に学ぶ。

ISBN978-4-86600-025-1
1,800円

安さんのカツオ漁

川島 秀一 著

一人の船頭の半生から見たカツオ一本釣り漁。土佐―三陸、震災からの復興を願う強い絆。

ISBN978-4-905194-85-9
1,800円

裸足の訪問 ―石仏の源流を求めて

坂口 和子 著

石の神や仏への想いの原点を探った旅の記録。

ISBN978-4-86600-068-8
1,800円

〔芸 術〕

ドヴォルジャーク―その人と音楽・祖国

黒沼ユリ子 著

ドヴォルジャークの音楽と人間がよみがえる。

ISBN978-4-86600-051-0
2,800円

ヴァイオリンに生きる

石井 高 著

ヴァイオリン作り五十年の職人が修業時代からヴァイオリンの魅力まで存分に語る。

ISBN978-4-905194-96-5
1,800円

ヘンリック・ヴェニャフスキ ―ポーランドの天才バイオリニスト、作曲家

エドムンド・グラブコフスキ 著

足達 和子 訳

一九世紀の天才演奏家・作曲家の波乱に満ちた生活と活動を浮きぼりにした初の評伝。

ISBN978-4-86600-013-8
1,800円

四季のふるさと うたのたより【新版】 ―なつかしい童謡・唱歌・こころの歌とともに

望月 平 編・文 近藤 泉 絵

昭和世代に贈る珠玉のうたの絵本。楽譜付

ISBN978-4-86600-059-6
1,800円

あたしのまざあ・ぐうす

北原 白秋 訳 ふくだ じゅんこ 絵

北原白秋と注目の絵本作家ふくだじゅんこ―ふたりが織りなす、美しくも、摩訶不思議なまざあ・ぐうすの世界。

ISBN978-4-905194-10-1
1,800円

放浪の画家 ニコ・ピロスマニ ―永遠への憧憬、そして帰還

はらだ たけひで 著

「百万本のバラ」で知られるグルジアの伝説の画家・ピロスマニの生涯。初めての評伝。

ISBN978-4-905194-14-9
2,200円

出雲大社 ―中野晴生写真集

中野 晴生 写真

壮大で美麗な写真で表した出雲大社の全体像。

ISBN978-4-86600-064-0
6,800円

雲岡石窟《うんこうせっくつ》―仏宇宙《ぶつうちゅう》

六田 知弘 写真

《東山健吾 文 八木春生 解説》

中国三大石窟の一つ、雲岡。これまでほとんど紹介されなかった西方窟に、日本人写真家が初めて足を踏み入れた撮り下ろし作品。

ISBN978-4-902385-98-4
26,000円

曼荼羅と仏画に挑んだ

小倉尚人 永遠の求道

小倉 幸夫 編

いまだ世に知られていない天才画家の作品と生涯。

ISBN978-4-86600-065-7
3,500円

谷川健一全集 全24巻

柳田国男、折口信夫と並ぶ民俗学の巨人・谷川健一。
古代・沖縄・地名から創作・短歌まで、幅広い文業を網羅。

各6,500円　揃156,000円
菊判　布表紙　貼函入り
月報「花礁」付き
セット ISBN978-4-905194-60-6

第一巻　古代一
白鳥伝説
ISBN978-4-902385-26-7

第二巻　古代二
大嘗祭の成立 他
ISBN978-4-902385-65-6

第三巻　古代三
古代史ノオト 他
ISBN978-4-902385-48-9

第四巻　古代四
神・人間・動物 他
ISBN978-4-902385-73-1

第五巻　沖縄一
南島文学発生論
ISBN978-4-902385-30-4

第六巻　沖縄二
孤島文化論（抄録）他
ISBN978-4-902385-45-8

第七巻　沖縄三
甦る海上の道 他
ISBN978-4-905194-39-2

第八巻　沖縄四
海の群星 他
ISBN978-4-902385-61-8

第九巻　民俗一
青銅の神の足跡 他
ISBN978-4-902385-40-3

第十巻　民俗二
女の風土記 他
ISBN978-4-902385-84-7

第十一巻　民俗三
わたしの民俗学 他
ISBN978-4-902385-68-7

第十二巻　民俗四
魔の系譜　常世論
ISBN978-4-902385-28-1

第十三巻　民俗五
民間信仰史研究序説 他
ISBN978-4-905194-25-5

第十四巻　地名一
日本の地名 他
ISBN978-4-902385-34-2

第十五巻　地名二
地名伝承を求めて 他
ISBN978-4-905194-17-0

第十六巻　地名三
列島縦断 地名逍遥
ISBN978-4-905194-31-6

第十七巻　短歌
谷川健一全歌集 他
ISBN978-4-902385-80-9

第十八巻　人物一
柳田国男
ISBN978-4-902385-89-2

第十九巻　人物二
独学のすすめ　折口信夫 他
ISBN978-4-902385-54-0

第二十巻　創作
最後の攘夷党 他
ISBN978-4-902385-94-6

第二十一巻　古代・人物補遺
四天王寺の鷹　人物論
ISBN978-4-905194-08-8

第二十二巻　評論一
常民への照射（抄録）
評論 講演
ISBN978-4-905194-05-7

第二十三巻　評論二
失われた日本を求めて 他
ISBN978-4-905194-49-1

第二十四巻　総索引
総索引　年譜　収録作品一覧
ISBN978-4-905194-52-1

ミッチーのことばあそび
ひらひらきらり 新版
オノマトペ ー英語の世界

はせ みつこ 作
中畝 治子 絵

絵がきこえてくる、声にしたくなる、オノマトペの世界。おとなも子どもも楽しめる一冊。

ISBN978-4-905194-75-0　2,300円

ゲルニカ
ーピカソ、故国への愛

アラン・セール 文・図版構成
松島 京子 訳

ゲルニカはなぜ描かれたのか、何を語っているのか。幼少期の生活や絵から、ゲルニカの制作過程までをたどり、その魅力に迫る。

ISBN978-4-905194-32-3　2,800円

の紀元前四〇〇〇年には伝わっていた。水田遺跡は見つかっていないので、畑作としての稲作（陸稲《おかぼ》）であったとみられる。

長江下流域の「河姆渡《かぼと》遺跡」から、炭化した稲（紀元前五〇〇〇年）が発見され、DNA鑑定の結果、ジャポニカが含まれていた。この発見により、日本の「稲」は、従来言われてきた朝鮮半島経由（もしくは沖縄経由）という説は間違いであり、長江下流域から直接伝わってきたとされるようになった。

「稲」の伝来は、縄文前期（紀元前四〇〇〇年）であるが、弥生時代への引き金となった「水田稲作」は、既述（第四章）したように、縄文晩期（紀元前十世紀）である。ただし、九州全域から関東にいたる日本列島の中心地域一帯における弥生祭祀は紀元前三世紀からとみられる。それほど長く縄文祭祀側からの抵抗が続いたのである。

弥生時代の祭祀では「御饌《みけ》」とともに「御酒《みき》」が供えられた。三世紀の『魏志倭人伝《ぎしわじんでん》』に、倭人は「父子男女の別無く、酒を良く飲む」とあるが、これは祭りの日に「御酒」を飲んでいる様子を見聞し、記録したものであろう。

この時の「酒」は「口噛《くちか》み酒」（麹《こうじ》かびによる酒造りについては後述）だったとみ

られる。「口噛み酒」についての古い資料は『大隅国風土記（逸文）』に「米を噛んで器に吐き出し、酒の香りがしはじめると飲む」と記されているもので、今日でもメコン川上流ではそのような酒造りが行われている。

また『古事記』によると、即位前の応神天皇が越前（気比《けひ》。現在の敦賀）で禊《みそぎ》をされ、夢のお告げで「気比の神」（気比神宮）と名を交換し、帰京してこられる時、母（神功皇后《じんぐうこうごう》）は帰ってくるわが子のため「待酒《まちざけ》を醸《か》みて」宴の準備をしたと記載されている。

この時の神功皇后が詠んだ歌が同書にみられる。それによると「この御酒《みき》」は私が噛《か》んだ酒ではなく「少名御神《すくなみかみ》」が噛んだ酒であるから「残さず食《め》せ」と記されていることから「口噛酒《くちかみざけ》」とみられる。「少名御神」とは少彦名《すくなひこなの》命のことである。この神は『新撰姓氏録』（右京神別「鳥取連《ととりのむらじ》」の条）に「天つ神」と記されている。また『古事記』によると、この神は天つ神（神産巣日《かんむすひの》神）の子（『日本書紀』では高皇産霊《たかみむすひの》神の子）であると記されている。

大国主命の国造りに際し、天の羅摩《かがみ》の船（ガガイモの実を割って作った舟）に乗って「鵝《ひむし》」（旁《つくり》に鳥の字があってこの字はガチョウであるが、「蛾《が》」を飛ぶ鳥に見立てたものとされていて「ひむし〈即ち、ひらひら飛ぶ虫〉」とされている）の皮の着物を着て、つまり、ミノムシのような恰好《かっこう》で渡ってきたとされている。

「神産巣日《かんむすひの》神」から、大国主命の義兄弟となって「共治」するようにという命がくだり、大国主命との「二神共治」を行った神である。

『古事記』などの中央の立場から記したものではない出雲の地方神話の側から記録した『出雲国風土記』（飯石《いいし》郡多祢《たね》郷の条）に「多祢《たね》」という村里の名の起源説話があって、そのなかに「二神共治」の話がみられる。

　同書に「天の下造《つく》らしし大神大穴持命（大国主命の別名）と須久奈比古命《すくなひこの》、天の下を巡る時、稲種《いなだね》ここに堕《お》つ。故《か》れ、種《たね》と云ふ」とある。「多祢」という村里の名は「稲の種」の「たね」から来ているというのである。

「出雲の国づくり」は大国主命一神によるものではなく、国つ神（大国主）と天つ神（少彦名）の「二神共治」によるものなのである。

　このような「二神共治」の伝承は、出雲国だけではなく『播磨国風土記』『尾張国風土記』『伊豆国風土記』『伊予国風土記』などにもみられ、各地で「国つ神と天つ神の共治」（即ち、国つ神を奉じる人びとと、天つ神を奉じる人びとの共治）があって、その結果、弥生祭祀の引き金となる「水田稲作」が普及したのである。

御酒《みき》は、その後「口噛み酒」から「麹《こうじ》かび」による酒造りへと変化する。「麹かび」による酒造りについては『播磨国風土記』に記して「携行食の干飯《ほしいい》が水に濡れてカビが発生し、それにより酒を造った」とある。この時のカビが「麹かび」である。「麹かび」は、でんぷんやたんぱく質を分解する酵素が含まれていて、味噌や酒造りに用いられた。

祈年祭や新嘗祭などの祭りにおいて、米を「御饌《みけ》」として供え、「麹かび」で造った「御酒」を供え（その他に野山の鳥や海川の魚などを供える）、それが終わると、祭りにたずさわった人びとで御饌その他を食べ、御酒を飲んだ。

そのような生活の中で「血縁による氏族」を中心とする氏族社会が始まった。氏族社会では氏族の長《おさ》への「尊崇の念」が生前からあり「ミコト」と呼んでいた。「ミコト」は、もともと尊い方が発するお言葉、即ち御言《みこと》という意である。そこで『古事記』は、それを命令と受け止め「命《みこと》」という字をあてた。『日本書紀』も「命《みこと》」の字をあてている。ただし『日本書紀』は「ミコト」と称しつつ「命」以上の「ミコト」があると記している。「ミコト」の中の「至って尊いミコト」である。その場合

出雲大社にある大国主命像

は「尊《みこと》」とするという説である。

『古事記』はそのような説を採らない（『日本書紀』編者による編纂過程で発生した書き分けであろう）。これは編纂上のことであって、いずれも「ミコト」と称した。

そのような「ミコト」は、時間の経過を経て、神聖性・呪術性を帯び、一段高い「カミ」と称されるようになる。

例をあげると当初「大国主命《おおくにぬしの》」と呼ばれていたが、後になると「大国主神《おおくにぬしの》」と呼ばれるようになる。

あるいは「天照大神《あまてらすおおみかみ》」は当初

「オオヒルメムチノミコト」と呼ばれていたが、後になると「アマテラス大神」と呼ばれるようになる。なお「アマテラス大神」の「ス」については、これを尊敬の助動詞「ス」とする説があるが、間違いであろう。「霜置く」とか「雪降る」の「置く」「降る」と同様であって「照らす」という自動詞である。つまり、日本人は「霜」「雪」「太陽」などは意志を持っていて、みずから「置く」「降る」「照らす」という行為を行うと考えていた。そのため、自動詞なのである。

このような自動詞は、日本語以外ではイヌイット語やアイヌ語にみられるものである。我々は太陽に照らされ、雪に降られているが、太陽や雪の立場からいうと、太陽が照り、雪が降るのである。

そのようにして「ミコト」は「カミ」として尊崇されるようになった。すると「カミ」は内在的に「霊力」を持っているとされ、人びとはそれを「畏怖」するようになる。

そのような「カミ」を血縁上、密接な関係にある集団で祀ったのが「氏の神」（後に言葉が短縮され「氏神《うじがみ》」となる）である。

生前あった氏族の長（氏の上《かみ》）への尊崇が、その逝去により「氏の上の祟《たた》り」を畏怖する観念となる。その観念が時の経過とともに、「氏の上」は、もともと「氏を守る神」であったのだとするようになる。

そして「氏の神」を尊崇する子孫は、その神によって守られるという信仰へと発展する。

このようにして誕生したのが「氏神信仰」であって、中臣氏（天児屋命《あめのこやねのみこと》を祖とする）、忌部《いんべ》氏（天太玉命《あめのふとだまのみこと》を祖とする）、三輪氏（大物主神《おおものぬしのかみ》を祖とする）、諏訪氏（建御名方神《たけみなかたのかみ》を祖とする）、安曇氏（綿津見神《わたつみのかみ》を祖とする）などの例がある。

中世になると「氏神」を祀る地域に住み、同じ「氏神」の祭りに参加する人びとを互いに「氏子中《うじこちゅう》」と呼び合うようになり、「氏神信仰」は「地域信仰」となった。

第六章　神道の宗教現象

神道の宗教現象の一つに、神意をうかがうために行う「占い《うらな》」がある。「うらなふ」は「うらに合ふ」という語が短縮されたもの。「うら」は「裏《うら》」であり、表《おもて》に現れない神の心の「裏」という意である。そのような神意に合致するというのが「うらに合ふ」という語である。後に「うら」に合わない場合も含めて、その行為自体を「うらなう」というようになる。

「占い」には「鹿卜《ろくぼく》」「石占《いしうら》」「琴占《ことうら》」（その他に「足占《あうら》」「水占《みずうら》」など）の種類がある。

「鹿卜」は、記紀によると「ふとまに」という語が用いられている。『古事記』には「布斗麻邇《ふとまに》」（『日本書紀』では「太占《ふとまに》」）と記されている。「布斗」は『日本書紀』が「太」という字を書いているように「りっぱな」という意味。「麻邇」は『日本書紀』が「占」という字を書いているように「うらなう」という意味。

鹿の肩甲骨を火であぶり、それによって生じる「ひび割れ」によって吉凶を占う。今日では貫前《ぬきさき》神社（群馬県）や武蔵御嶽《むさしみたけ》神社（東京都）で行われている。

「石占」は、石を持ち上げて重く感じるか、軽く感じるかで占う。たとえば、京都の伏見稲荷大社に「おもかる石」というのがある。灯籠の空輪《くうりん》（最上部）を持ち上げ、自分の予想よりも軽いと願いが叶《かな》い、重いと叶わないというものである。

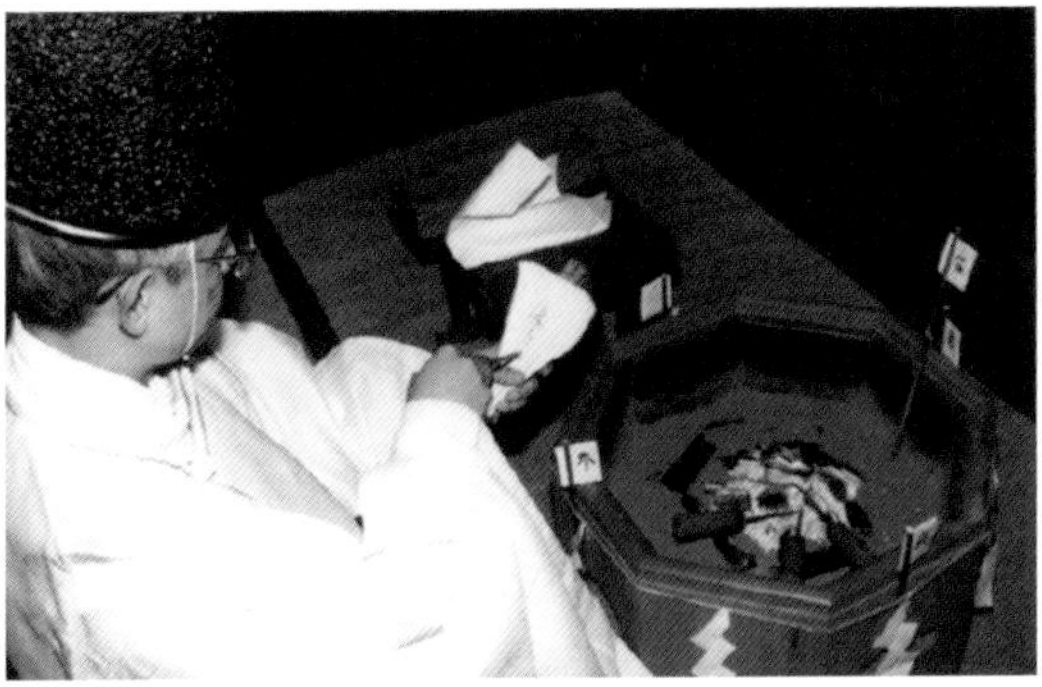
貫前神社 鹿占神事

比較的シンプルな「おもかる石」が愛知県一宮市の真清田《ますみだ》神社に伝えられている。各神社に伝わる「おもかる石」の中では、どちらかというと多いタイプである。

「琴占」は、伊勢神宮神嘗祭《かんなめさい》の時に祭典に先立って行われる「御卜《みうら》」のなかに伝えられている。古くは琴の弦を奏《かな》で、音が澄んでいるかどうかで占った。今は琴板《こといた》を笏《しゃく》でたたいて占っている。古典では『古事記』の仲哀《ちゅうあい》天皇の段に次のように記されている。

太后《おほきさき》息長帯日売命《おきながたらしひめのみこと》、当時《そのかみ》神帰《かみよ》せしたまひき。かれ、天皇、筑紫の訶志比《かしひ》の宮にましまして熊曽《くまそ》の国を撃たむとしたまふ時、天皇、御琴《みこと》を控《ひ》かして、建内宿祢大臣、沙庭《さには》に居て、神の命《みこと》を請ひまつりき。

この時、仲哀天皇は「琴占」を行っておられたとみられる。

伏見稲荷大社の「おもかる石」

真清田神社の「おもかる石」

また「宇気比《うけひ》」を行った。「宇気比」は『古事記』での記載であり『日本書紀』では「誓約《うけひ》」とある。「誓約」という漢訳はいかがであろう。

例えば「誓約書」というと、会社に入社する際、新入社員が会社に対し「誓約」する時の書類がそれであるが、これは「うけひ」ではない。『日本書紀』が用いた訳語は不正確だと思われる。

古代中国に「うけひ」にあたる行為が存在していなかったため、「誓約」という漢語を代用した。このような場合『古事記』は安易に漢訳してしまわず、日本語の音を一字一音で残した。同書は、同様の配慮をいろんなところで行っている。

例えば『古事記』に「比良《ひら》」と言う語がある。「黄泉国《よみのくに》」への坂を「比良坂《ひらさか》」という。『日本書紀』は「平坂《ひらさか》」と漢訳した。この言葉は「平坦なスロープ」という意味である。

ところで『古事記』におけるスサノオノミコトの高天原訪問の折、姉（アマテラス大神）は、武装して弟の来訪に備えたという個所の記載に「曽毘良《そびら》」と「比良《ひら》」という語が登場する。「曽毘良」の「そ」は「そっぽを向く」（あるいは「そっくりかえる」）の「そ」であり、今の「背《せ》」にあたる。

比良山脈

「背《そ》」の「ひら」が「そびら」であり、「そびら」に千本入りの矢筒を装着した。単に「ひら」という場合は「脇腹」のことであり、「ひら」に五百本入りの矢筒を装着した。

背中や脇腹は「絶壁」である。「比良」は「比良山脈」という場合に、今も使っている。比良山脈（滋賀県）は、東の面が「比良断層」、西の面が「花折断層《はなおれ》」である。そのような「絶壁」が「比良」である。「黄泉国」は「崖の下」にある地下の国という意味である。上から覗《のぞ》くと、足がすくむ。それが「比良」である。

『日本書紀』が「比良」を「平」と漢訳したのは、この坂が「王墓への坂」というのであれば巨大な墓に違いないから、その参道は「なだらかな登りのスロープ」に違いないとみて「平坂」と訳したのであろうと思われる。

「平坦な坂」に対しては別の語があって「ならさか」（奈良市の北から木津に向かう坂）という。「坂」に、その状況を表す「なら」という語を添える。したがって「平坦な坂」という訳は誤訳とみる。

ところで、日本語の「坂」は「さかい（境）」と同源の語である。比良山脈の「比良」は近江国と山城国の「境」である。「黄泉津比良坂《よもつ》」は「生の国」と「死の国」の境である。

記紀によると「黄泉国」は地下にある埋葬施設であり、かつ、夫が現地へ行っているところからみて参拝施設でもあった。崖の上から覗くと「黄泉国」に降りていく「急な坂」があったのである。

日本の古墳は、古墳時代前期〜中期にかけて「竪穴式石室」であり、古墳時代中期〜後期にかけて「横穴式石室」となる。

記紀によると、崖の上から覗き込んだ様子は「竪穴式」のようであり、地下に降りて水平に移動する状態は「横穴式」のようである。そのような古墳が九州南部から出土している。「地下式横穴墓《ちかしきよこあなぼ》」である。「竪穴式石室」が「横穴式石室」に移行していく時期のものである。

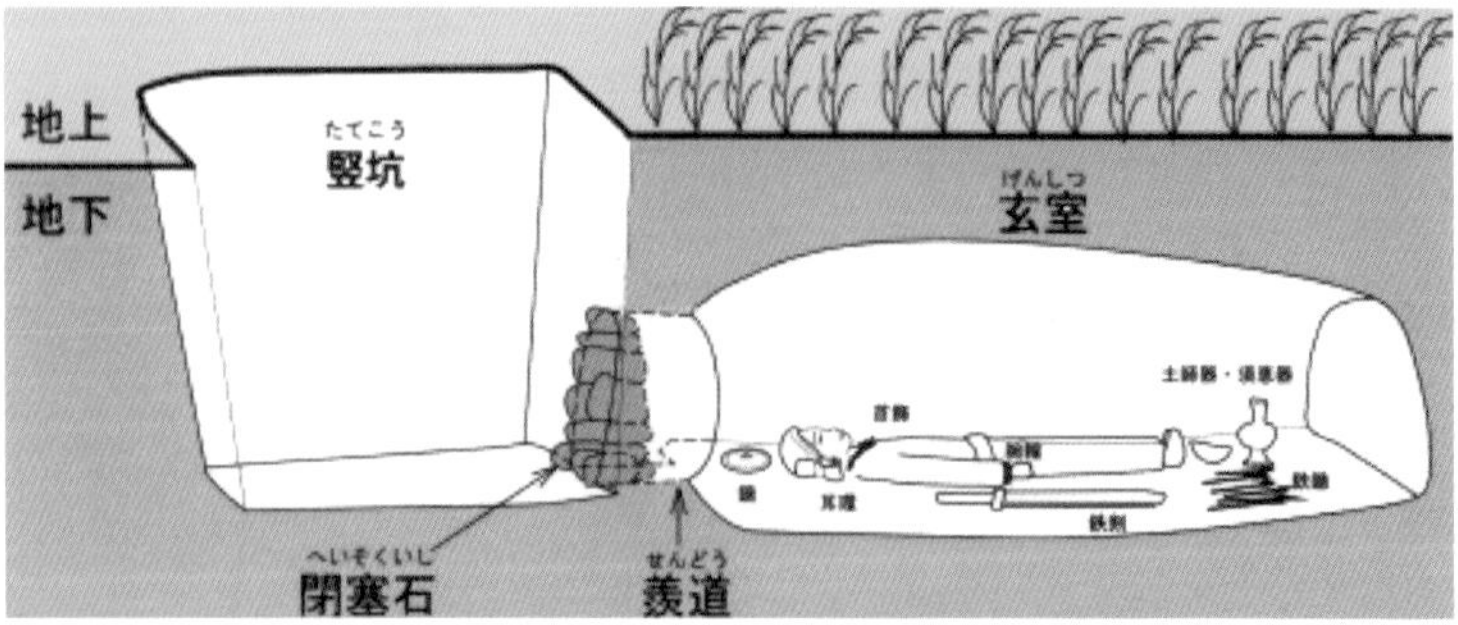

地下式横穴墓模式図

「竪穴式石室」では、棺《ひつぎ》を納めたあと、石室の上を岩で塞《ふさ》いでいる。その時代が終わると「地下式横穴墓」であって、竪穴が掘られ、竪穴の底から横に進む「横穴」があって「横穴」への入り口は後の「横穴式石室」のように岩で塞がれている。

昇り降りに際しては「竪穴」の壁面に「急な坂」がある（鹿児島県鹿屋市の岡崎古墳群の十八号墳など）。この「急な坂」が「比良坂」に当たるのではないか。

記紀によると「黄泉国《よみのくに》」で、夫はウジ虫だらけの妻に会った。そして逃げ出した。後ろから「ヤクサ（八種）のイカツチ」が追いかけてきた。ウジ虫であって「横穴」を這《は》って追いかけてくる。

「イカ」は「厳《いか》めしい」のイカであり、「ツ」は連体助詞（「天《あま》つ風」「目《ま》つ毛」「天つ神」「国つ神」などの「ツ」）である。「チ」は「いかつち」「かぐつち」などにみられる「チ」であって、「やまつみ」「わだつみ」の「ミ」などと同種のもので、意味は「精霊」である。

多くの種類（ヤクサは実数の八ではなく、当時数えきれる最大数が八だったため、多くの場合「八」は数えきれないという意味）の「厳《いか》めしい精霊」が追いかけてきた。「雷《かみなり》」も古語では「雷《いかつち》」といい「厳めしい精霊」の一つであるが、雷《かみなり》は「イカツチ」の中の最も「厳めしい精霊」であったため、後になると「雷《かみなり》」に特化されて「イカツチ」と用いられることとなる。ここでは「雷《かみなり》」だけに特化される以前の「イカツチ」であり、数えきれない種類のウジ虫が追いかけてきた。そういったウジ虫を遮断するため、横穴の入り口を岩で塞いだ。

『古事記』における「宇気比」と同様の表現法がみられる「比良」へと話を転じたが、話を「宇気比」にもどしたい。

つまり、男女や左右の比率が五対五となる場面で、あらかじめ宣言して置くことが「宇気比」であって、この言葉は日本特有のものであった。これにあたる概念が中国にないため「宇気比」とせざるを得なかったのである。

宗像三女神誕生に先立って行われた「宇気比」の場合、現在の『古事記』には記載がみられないが「宇気比」とある以上、事前に宣言していたことと思われる。「女の子が生まれたなら、心が清らかな証拠。男の子が生まれたなら、心が邪《よこしま》な証拠」というものである。

そのように、あらかじめ「宇気比」を行った。そして生まれた子が女の子（宗像三女神）であったため「心が清らか」だったとスサノオノミコトは言うのである。

『日本書紀』編者のかなりを占めていた渡来人たちの考えでは、想定される読者が中国人である以上、ここでの女神誕生は疑問だとしたのであって、同書は男神（カチハヤヒノミコト）が生まれたから「占いに勝った」という別の話題に転じている。

『日本書紀』の別のところでも「男神が先に声をかける」と良い結果、「女神が先に声をかける」と悪い結果とされていて、良い結果はいかなる場合にも男（つまり陰陽の陽）という固定的な判断に立つのである。そのようものは「宇気比」ではない。

『古事記』に古い姿が残っているとみる。『日本書紀』は、渡来系の編者たちの判断に押し切られてしまったのである。

同書編纂開始の頃、編者の一人だった太安万侶《おおのやすまろ》は、このような古伝の改訂に対して反発して編者を辞任し、独力での『古事記』執筆を志したのである。

中国の「誓約」に近いのは、むしろ「盟神探湯《くかたち》」である。これとて『隋書』倭国伝は「倭国独自」のものだとしている。

『論語』（李氏第十六）のなかに「善を見ては及ばざるがごとくし、不善を見ては湯を探るがごとくす」とあり、「探湯」という語自体はみられる。

ここでの記載は、不善を行う誘惑が起きた場合は「熱湯の中から物を取り出すようにする」という意であり、「不善」を行うことを躊躇《ちゅうちょ》するという意味となる。

この行為を「宗教裁判」として実施するのは『隋書』がいうように「倭国独自」とみられる。

古典に登場するいくつかの「盟神探湯《くかたち》」（応神紀・允恭紀・継体紀などにみられる）の場面を総合すると、当該人物の正邪が明らかでない場合この裁判が行われ、当事者に「実《まこと》を得むものは全《まった》からむ。偽《いつは》らば必ず害《やぶ》れなむ」と身の潔白を神に誓わせ、その上で熱湯の中の小石をつかませる。

神罰への恐怖を誰もがいだいていた時代の「宗教裁判」であって、偽証者は神から通常以上の激痛を与えられると信じているため挙動不審となり、正直者は神に守ってもらえると信じているため正々堂々としていて、裁判のゆくえは誰の目にも明らかであった。

中世になると、同様の方法を「湯起請《ゆぎしょう》」と称して行った。

『古事記』下巻に「味白檮《あまかし》の言八十禍津日《ことやそまがつひ》の前《さき》に探湯瓶《くがへ》をする」と記されている。「探湯瓶《くがへ》」は盟神探湯を行うための湯を沸かす土器である。味白檮《あまかし》、即ち「甘樫坐神社《あまかしいます》」のあたりは、かつて盟神探湯が行われた場所であったと思われる。

各地に伝わる「湯立神楽《ゆたて》」は、この「盟神探湯」の所作を模した神事で、鉄の釜（多くは鼎《かなえ》）で湯を沸かし、その湯のしぶきを榊の葉（または笹の葉）で参列者に振りかけ「無病息災」を祈る。

この神楽は、各地の神社（甘樫坐《あまかしいます》神社、広田神社、春日大社、住吉大社、石切劔箭《いしきりつるぎや》神社など）や集落（多くは旧暦十一月に行われることから霜月神楽《しもつきかぐら》と称し、伊勢の御師の館で江戸期に行われていた湯立神楽を再現したとされる）で行われている。

また、祭りに先立って「禊《みそぎ》」や「祓《はらえ》」によって穢《けが》れを祓うということが行われた。からだに「穢れ」が付着していると考える者が、川や海で身を清める行為を「禊」という。

そういった「禊」を略式で行うのが「手水《てみず》」である。両手を洗い、口をすすぐこと

伊勢神宮　川原大祓

によって、からだが清められるとする「みそぎ」の一種である。仏教寺院にも「手水舎《ちょうずや》」と称し、神社の「手水《てみず》舎《しゃ》」のような施設がある。世界の仏教寺院にはない。仏教寺院では日本の場合のみ存在する。

日本人が宗教施設に踏み入る時、なさねばならないと信じて行う行為が「手水《てみず》」である。日本の仏教寺院で行う「手水《ちょうず》」は神道の影響である。厳重な「清め」を必要と感じる時（例えば、昇殿し神職による祝詞《のりと》奏上を依頼する時）には「祓《はらえ》」を受ける。「禊《みそぎ》」もしくは「手水」の上に、さらに厳重に行うのが「祓」である。

また、記紀によると、スサノオノミコトが罪を犯したのち神に財を献じて「贖罪《しょくざい》」する行為を「祓」と記されている。

通常の「祓」は、知らず知らずのうちに身に付着した穢れを祓うものであるが、犯罪も「祓」で祓うことができると考えられたのである。その背後に、神に財を献じることにより犯罪を「清められる」とされた日本の原始期の「罪」の観念があった。

後の律令時代になると、中国風に贖罪《しょくざい》が行われた。「律」という刑法を採用したことにより、鞭《むち》でたたいたり（笞《ち》）、棒でたたいたり（杖《じょう》）する刑となった。

スサノオの場合は、財を神に献じるという形での「贖罪」が行われたのである。

一見、軽く感じられるが、記紀ではスサノオの「ツメ」を抜き、「ヒゲ」を抜いたとされている。

現在でも爪を長く伸ばして飾る民族があり、また髭《ひげ》はイスラム圏の男性の口元を飾る重要な「財」であることからみて、それらは原始時代の「財」の一部であったと思われる。

そういった身を飾る「財」をも含む「全ての財」を奪って「贖罪」させたのである。

スサノオノミコトの場合、このような「財産刑」で終わらず、重ねて「追放刑」が執行されている。

「財」を神に献じて行う「贖罪」は律令時代になると行われなくなるが、律令体制が崩壊すると復活した。

例えば、鎌倉時代の『御成敗式目』（第十五条）によると、寺社の修理を命じるという刑が記されている。

『御成敗式目』は、それに堪える財力を持たない者に対しては「追放刑」に替えてよいという規定が記されている。武家社会での「追放刑」は全財産没収に匹敵するほどの重い刑だったのである。

「財」を神に献じる刑と「追放刑」は、律令時代と明治以後の西洋刑法の時代を除いた時代の日本の基本的な刑であった。

なお、律令時代においては、根本法（憲法と民法を合わせたもので「令《りょう》」という）のなかに「神祇令《じんぎりょう》」（養老神祇令が「養老令」の注釈書である『令義解《りょうぎのげ》』のなかに伝えられている）を置いて、さまざまな「神事」に関する規定を定めた。

また「令」の施行細則としての「式」も重要であって、母法の中国法に規定のない、日本独自の神祇に関する規定が「式」（『延喜式』に伝えられている）のなかに残されている。

そのため、日本の「式」は単なる施行細則として定められたものばかりではなく、律令以前の古法を「式」のなかに残そうとする性格を兼ね備えていた。そういった「令」や「式」のなかで「四季の祭祀」や「祓《はらえ》」に関する規定を定めた。

律令体制が崩壊した平安中期以降「四季の祭祀」や「祓」に関する規定は、各神社の実際の祭祀のなかで行われつつ守られていくこととなる。

第七章　神社の成立

神社はもともと常設の御殿を持たなかった。

多くの神社が常設の御殿を持つようになるのは、六世紀になってからである。寺院が常設の御殿に祀る施設であることとの影響を受けたものと思われる。

常設の御殿を持つようになる前の姿は「やしろ」という言葉が伝わっているように、祭典期間だけ「屋《や》を建てるべき場所」(「苗を植えるべき場所」を苗代《なわしろ》といい、「糊《のり》をつけるべき場所」を糊代《のりしろ》というように、「屋を建てるべき場所」が「屋代《やしろ》」)に「屋」を建てていた。

祭典期間が終ると、もとの神の居場所（甘南備《かんなび》とされる山や森や滝）に戻っていただく。常設の御殿を持つようになった後も、言葉としては「屋を建てるべき場所」を意味する「やしろ」という語が残った。

お仮殿

春日若宮おん祭りでは、毎年十月一日「縄棟祭《なわむねさい》」という「お仮殿《かりどの》」を建てるための地鎮祭を行う。

そして「お仮殿」を建てる。柱は皮を削らない「黒木《くろき》」のままである。この「お仮殿」が「屋代」の原型とみられる。

お仮殿を建てる工事が終わると、十二月十七日の午前〇時、御神体をお遷しする。

御神体が到着されると「御旅所祭《おたびしょさい》」が行われ、同祭が終わると十八日午前〇時、御神体はもとの若宮にお帰りになる。

そして「お仮殿」は撤去され、注連縄を張って、その敷地の清らかさを保持する措置がなされる。

このような祭りを斎行するための「屋」を建てるべき場所を表す語であり、同時に、建てられた「屋」を表す語が「屋代」なのである。

今日、多くの神社には常設の御殿が建てられている。つまり「屋代《やしろ》」は「御屋《みや》」となっている。しかし、もとの「屋代」という語を用いて神社のことを呼んでいる。

一方「宮（御屋）に参る」という言葉がある。参る対象は「屋」の中の「神」である。それなのに建物に参るという意味の語を用いる。

「神」を拝むことを「宮に参る」という言葉を用いる意味を考えてみよう。

例えば、時代劇を見ていると、大名に対し「殿《との》」と呼ぶ。「殿」とは「御殿《ごてん》」のことである。間接的な「御殿」という言葉を用いることによって、直接、大名を呼ばないようにする。建物名で呼ぶことが敬語なのである。

「神」は常設の「屋」で祀ってあるのだから、建物名で呼ぶとすれば「御屋」（「み」は名詞に付けて神仏・天皇・皇族などに対する敬意を表す語）となる。そこで「神」を拝むことを「御屋（宮）に参る」と言うのである。

「神」を「宮」と呼んで建物名でいう一方、建物名の方は「宮」という語を用いないで「屋代」という以前に用いていた語を用いる。目に見える姿は「御屋」であるが

悠紀殿・主基殿

「宮」という語は神への敬語であるため用いない。一時代前に用いていた「屋代」という語で呼ぶ。直接名指ししないのが、神と社への敬語である。

そして春日若宮の「お仮殿」は、神社が「屋代」だった時代の姿を伝えている。

これと似ているのが、天皇御即位の時に行われる大嘗祭の御殿である「悠紀殿《ゆきでん》」と「主基殿《すきでん》」である。悠紀とは「聖なる」という意味。主基とは「次《すき》」のことであり、二次的なという意味。

「悠紀国」の斎田で採れた新穀

郵 便 は が き

恐れ入りますが切手をお貼りください

1 0 1 - 0 0 5 1

東京都千代田区
神田神保町一の三 冨山房ビル 七階

㈱冨山房インターナショナル
読者カード係 行

お 名 前	(歳) 男 ・ 女		
ご 住 所	〒 TEL：		
ご 職 業 又は学年		メ ー ル アドレス	
ご 購 入 書 店 名	都道府県 市郡区 書店	ご 購 入 月	

★ご記入いただいた個人情報は、小社の出版情報やお問い合わせの連絡などの目的以外には使用いたしません。

★ご感想を小社の広告物、ホームページなどに掲載させていただけますでしょうか?

【 可 ・ 不可 ・ 匿名なら可 】

書　名

本書をお読みになったご感想をお書きください。
すべての方にお返事をさしあげることはかないませんが、
著者と小社編集部で大切に読ませていただきます。

は、東の御殿である「悠紀殿」で神饌として供えられる。「主基国」の斎田で採れた新穀は、西の御殿である「主基殿」で神饌として供えられる。

「悠紀国」と「主基国」は卜《うらな》いによって決められるのが古い姿だが，平安中期から「悠紀国」は近江に固定され、「主基国」は丹波と備中交互となった。そして、郡のみトった。

柱に黒木を用い、屋根は茅葺《かやぶ》き（令和の大嘗祭は板葺きとされた）であって、上に千木《ちぎ》と鰹木《かつおぎ》が載せられる。

このような「悠紀殿」と「主基殿」の場合も、祭典が終わると撤去される。

春日若宮の「お仮殿」と同様、「屋代」の考え方（神専用のものと考え、祭典終了後、更地に戻すという考え）が、今に伝わっている。

後に「御屋」と「屋代」を「宮」と「社」という漢語で書くようになると、神社のランクのように用いられるようになるが、「屋代」と「御屋」は本来ランクを意味する語ではない。

「悠紀殿」や「主基殿」、あるいは春日若宮の「お仮殿」として建てられるのが「屋代」であるが、さらに古い時代の神社は「屋」を持つことすらなかった。祭祀は「磐《いわ》

日吉大社の磐座

岩上祭祀や岩陰祭祀跡が出土した沖ノ島

座《くら》」の上で行われた。

その詳細が宗像《むなかた》（福岡県）沖ノ島遺跡の考古学的調査によって明らかになった。同調査によると、四世紀後半～五世紀における沖ノ島の祭祀は「岩上祭祀《がんじょう》」という形で行われた。

五世紀後半～七世紀になると「岩陰祭祀《いわかげ》」となる。「磐座《いわくら》」の陰《かげ》で祭祀を行ったの

大神神社 拝殿

である。

七世紀後半〜八世紀前半になると「半岩陰《はんいわかげ》（半露天《はんろてん》）祭祀」となる。祭祀に使用された器や供えられた品は神の専有物と見なされ、その場に放置された。

「岩陰祭祀」を行う場所がなくなり、岩陰から少し離れた、しかし磐座を意識したそれほど遠くない場所、すなわち半岩陰に移った。

そこも満杯になり、八世紀〜九世紀になると「磐座」からは離れた「露天《ろてん》祭祀」となる。

大神《おおみわ》神社（奈良県）や明治以前の石上《いその かみ》神宮（奈良県）は、沖ノ島祭祀で言う「露天祭祀」を今日まで（石上神宮は明治まで）行っている。祭典が終了すると、供えられた品は「禁足地」に埋めていた。

大神神社に、奥つ磐座、中つ磐座、辺《へ》つ磐座などの「磐座」があるが、現在、それらと無関係のところで祭祀が行われている（沖ノ島祭祀でいう「露天祭祀」である）。しかも「本殿」がなく、「三つ鳥居」の前方にある「禁足地」を祭祀対象としている。「三つ鳥居」（明神《みょうじん》型の鳥居を横一列に三つ合わせた形の鳥居）の周辺にスプリンクラー（三輪山は雷による山火事が多いため設置された）を埋める工事を行った際、そこから「子持勾玉《こもちまがたま》」など、祭祀遺物が出土した。

埼玉県の金鑚《かなさな》神社は、拝殿前方の御室《みむろ》ケ嶽を神体として祀り、本殿がない。

長野県の生島足島《いくしまたるしま》神社は、今は本殿があるが、本殿の中の内殿《ないでん》（内殿は旧本殿で、明治期に覆屋《おおいや》として今の本殿が建って現在の姿となった）は土間のままであって、土間は池の中の島を意味し、島が神体である。

石上《いそのかみ》神宮も明治まで本殿を持たない神社であった。「禁足地」があって、そこにご神体の「韴霊《ふつのみたま》」という剣が埋められていると伝えられていた。その「禁足地」を祭祀対象とする神社であった。

明治七（一八七四）年、宮司・菅政友《かんまさとも》は国の許しを得て発掘調査を行った。「禁足地」から、神体の剣と、勾玉《まがたま》や菅玉《すがたま》などの祭祀遺物が出土した。埋め戻すことは防犯上よくないということから、本殿を建てて神体を祀る形へと移行した。したがって明治まで本殿を持たない神社であった。

「韴霊」は、記紀によると、天孫降臨《てんそんこうりん》に先立ち武甕槌命《たけみかつち》が国譲りの交渉で地上に向かった際、帯びていた剣である。また、神武東征《じんむとうせい》の折、武甕槌が高倉下《たかくらじ》という人物の倉の屋根に穴をあけて投入した（それを高倉下の夢のなかで知らせ、苦戦していた神武軍を助けた）と伝える剣でもあった。それを第十代の天皇宮殿である磯城瑞垣宮《しきのみずがきのみや》から、崇神《すじん》天皇七年（実年代は三世紀頃）に現在地に移し、地中に埋めたとするのが、石上神宮の創建である。

同社の御子《みこ》神を祀る出雲建雄《いずもたけるお》神社は、現在も本殿を持たない神社で、拝殿（国宝）が「割り拝殿」であって、禁足地の正面が土間のままにされている拝殿である。

大神《おおみわ》神社の拝殿（国の重要文化財）は、中央の一間《けん》分の床が低くなっている。祭典に関わる人びとは、拝殿の左右に分かれて着座し、拝む時は中央の低いところに降りる。「割り拝殿」のような土間ではないが、前方の禁足地を拝むため、そのような一段低い場所に降りて拝むのである。

拝殿が「割り拝殿」の神社の例として、他に鞍馬寺内の由岐《ゆき》神社（国の重要文化財）、京都市伏見区の藤森《ふじのもり》神社、同じく伏見区の御香宮《ごこうぐう》神社などがある。神職・氏子崇敬者は、拝殿の左右に着座し、拝礼の時、土間に降りて拝む。

このような本殿のなかった時代の姿を伝えている神社、および以前は「磐座」であったと伝える神社が、古い姿とみられる。

また、建物を持つようになった後も、祭りを行う期間にだけ建物（製材しないで黒木で建てる）を建てて祭る神社がそれに次ぐとみられ、その場合、祭りの期間が終わると建物を撤去し、敷地を更地にして置く神社（かかる措置を行った敷地を、屋を建てるべき場所、すなわち「屋代」という）が一般的であったとみられる。

このようにして神社は成立し、六世紀頃より常設社殿化（伊勢の神宮の場合は宮殿内での神棚祭祀が建物での祭祀に移行したものであり、成立過程が異なる）していった。

第八章　飛鳥～奈良時代の神社と神道

次に飛鳥～奈良時代における神社と神道の展開について考えてみよう。

『日本書紀』崇神天皇の条に「天《あま》つ社、国《くに》つ社、及び神地《かんどこ》、神戸《かんべ》を定めたまふ」という記載がある。

祀られている神によって、神社が「天つ社」と「国つ社」に区分され、国家がそれを経済的に支援するようになっていくのは、飛鳥時代になってからのことと思われる。

仏教が伝来したのは『上宮聖徳法王帝説』（主な部分は弘仁年間〈八一〇～八二四〉から延喜十七〈九一七〉年までの間に成立）と『元興寺伽藍縁起幷流記資財帳』（七二四年成立）によると、「戊午」の歳（五三八年）に百済の聖明王から伝えられたとある。

仏教は、伝来当初から非常に優れた宗教だとして入ってくる。

その時の状況を欽明天皇十三（五五二）年の『日本書紀』には「是の法《のり》、諸法の中に

「仏教伝来の地」の碑（奈良県桜井市）

於いて最も殊勝《すぐ》れたり。解り難く入り難し。周公、孔子も尚ほ知ること能はざりき」と記されている。

これを聞かれた天皇は、同書によると「歓喜《よろこ》び踊躍《ほとばし》りて、使者に詔して云はく、朕、昔より来《このかた》、未だかつて是の如き微妙《くは》しき法《のり》を聞くことを得ざりき」と言われたとある。

ここにいう「周公」は中国古代の聖人で、制度礼楽を定めた人とされ、孔子が理想とした人物である。「孔子」は言うまでもなく儒教の教祖である。

百済の使者によって、仏教は周

公や孔子でさえ理解することができないすぐれた宗教であるという賛辞を加えられて伝来した。これに対する天皇の喜ばれ方も尋常ではない。

仏像も仏典も、これまでの日本に存在しなかったものであり、きわめて優れたものだとされた。

欽明天皇は「しかれど朕《われ》自ら決《さだ》むまじ」と言われ、臣下たちに崇仏の是非検討を命じられた。

この後、伝統派（物部氏と中臣氏）と崇仏派（蘇我氏）の間で氏族間の存亡をかけた論争となった。崇仏派は、これまでも儒教や道教を外来宗教として受け容れてきたのであり、仏教も受け容れようという意見である。伝統派は、仏教は儒教や道教と違った性格を持った宗教であるとして、仏教を受け容れないようにしようという意見である。

蘇我氏は神仏共調を可能とみるが、物部氏は不可能であるという判断である。実際の歴史は神仏習合へと進んだのであるから、この論争は神仏共調を可能とする考えの勝利であった。しかし、それほど単純なものではなかった。

この時、伝統派は神仏共調を無理とし「我が国家の天下に王とましますは、恒《つね》に天地社稷百八十神《てんちしゃしょくももやそがみ》を、春夏秋冬に祭り拝むことを、事としたまふ。いま改めて蕃　神《となりつくにのかみ》を拝まば、恐らくは国つ神の怒りを致しまつらん」と主張した。

ここにいう「国つ神」とは、地祇《ちぎ》という意味ではなく「国内の神々」という意味であって、天神地祇のすべての神という意味であり、仏教の異質性（一神教的性格）に違和感を抱いた。

仏教の立場から書かれた『日本霊異記』によると、当時は「仏像」という語がまだ生まれていない時代のため「仏像」のことを「隣国客神像《りんごくきゃくしんぞう》」と呼んでいる。「客神」すなわち「まろうどの神」（「まろうど」は「まれびと」の短縮語であって「まれにやってくる人」）と位置づけ、在来の神々に「客神」を加えようという考えを根底に持っている。

「仏教」を「となりつくにの神」と感じることのできるグループと、「となりつくにの神」と感じることのできないグループの対立であった。

最初は、伝統派の意見が採用され、仏教の公的受け容れが中止され、蘇我氏による個人的崇仏が許可された。

その後紆余曲折《うよきょくせつ》があるが、欽明《きんめい》天皇の御子である用明天皇の時代になると、用明天皇二（五八七）年四月の『日本書紀』に、「朕《われ》三宝に帰《よ》らむと思欲《おもほ》ふ。卿等、議《はか》れ」と記されている。私は仏教に帰依したいので軟着陸させるようにという命である。

仏教受容の是非ではなく、仏教を受け入れることを前提として、その方策を検討するようにという命である。

これに対し、同書によると、物部守屋と中臣勝海は「詔《みことのり》に違《たが》ひて、議《はか》りて曰さく、何ぞ国つ神に背きて他神《あだしかみ》を敬ひたまはむや。由来《もとより》、斯《かく》の如き事、識《し》らず」と言っている。

伝統派の反発は続いた。

「仏教」を「となりつくにの神」と感じる考えを天皇が持たれていることに対し、政権の中心にある蘇我氏は「蘇我馬子宿祢《うまこのすくね》大臣曰さく、詔の随《まにま》に助け奉《まつ》るべし」と言っていて、賛同している。

『日本書紀』は、そのような感情を持たれた用明天皇に対し、「天皇、仏法を信じたまひ、神道を尊びたまふ」と記している。神道を尊ばれたが、仏教も採り入れられたという意味である。仏教の一神教になるのではなく、神仏共調の道を歩まれたということである。「仏教」を「となりつくにの神」と感じるグループの勝利ということになる。

天皇のお気持ちはこれまでの外来宗教のようにこれも受け入れようとされたのである。天皇も、政権の中心にある蘇我氏も、在来の信仰を否定しているのではなく、その信仰を継続しつつ、仏教も取り容れるというこれまでの対応と同様でいこうという判断であって、蘇我氏も氏神を捨てたわけではなく、天皇も神道を継承された。

仏教は、蘇我氏の隆昌とともに盛んになっていく。

用明天皇、崇峻《すしゅん》天皇と続いた後に、第三十三代の推古天皇が即位される。欽明天皇の皇女であり、敏達《びだつ》天皇の皇后であった。

その摂政として、政治の中心にあたったのは、皇太子の聖徳太子であった。

『日本書紀』の推古天皇二（五九四）年の条に「皇太子及び大臣に詔して三宝を興隆《おこ》さしむ」とあって、聖徳太子と蘇我馬子に対し、推古天皇は仏法興隆を命じられたとある。しかし、この詔は聖徳太子の文案であると思われる。

さらに同書に「是の時、諸の臣・連等、各、君・親の恩の為に競ひて仏の舎《いえ》を造る。即ち、是を寺と謂へり」とある。「恩」のために寺を造ったとあることが注目される。

仏教がこの後、盛んになっていくが、その興隆要因の一つとして、このような

「恩」に報いる宗教とされたことをあげてよいと思われる。

結果的に、祖先の恩に感謝する宗教（仏壇に祀る位牌の信仰）となり、中央に祀る本尊は建て前のものとなり、たとえば火事が発生すると本尊を持ち出さず位牌を持ち出す一種の本末転倒の宗教となる。

推古天皇の時代は、わが国ではじめて仏像が造られ、四月八日や七月十五日の仏教行事が始まった時代である。

また、聖徳太子は『法華経義疏《ぎしょ》』等の仏教書を執筆し、当時、仏教を深く研究していた学者である。十七条憲法の第二条に「篤く三宝を敬へ」と定めたのも聖徳太子の意見である。しかし仏教第一主義者ではなく、剃髪《ていはつ》して仏門に入った人でもない。強いて言えば「神仏共調」であった。異論の多い「神仏共調」を可能とみていたのである。

そこで十七条憲法での仏法の尊重は第二条であり、第一条は「和を以て貴しと為す」とあって、氏族間の「和」や神仏間の「和」を重んじたものであった。

推古天皇の時代は、こうして仏教が興隆したが、『日本書紀』推古天皇十五（六〇七）年二月の条に記して「朕聞く、曩者《むかし》我が皇祖《みおやの》天皇等の世を宰《おさ》めたまへること、天に蹄《せぐくま》り地に蹐《ぬきあし》して、敦《あつ》く神祇を禮《うやま》ひ、周《あまね》く山川を祠《まつ》り、幽《はるか》に乾坤《あめつち》に通はす。是を以ちて、陰陽《ふゆなつ》開け和《あまな》ひ、造化《なしつくること》共に調《ととの》へり。今、朕《わ》が世に当りて、神祇を祭祀《まつ》ること、豈怠り有らむや。故《か》れ、群臣共に為に心を竭《つく》して宜しく神祇を拜ひまつるべし」とある。

その二月十五日の『日本書紀』には「皇太子及び大臣、百寮を率ゐて神祇を祭拝《まつりうやま》ふ」と記されていて、皇太子（聖徳太子）も大臣（蘇我馬子）も、敬神行動をとっている。

努力してきた「神仏共調」ではなくなりつつあった聖徳太子と蘇我馬子における仏教への片寄りに対し、推古天皇が警鐘を鳴らされた。

そのような天皇のお気持ちに聖徳太子も蘇我馬子も従い、神仏共調にもどって「百寮を率《ひきゐ》て神祇を祭拝」したのである。百寮の「寮」は「つかさ」という意味であって、国家公務員を率いて敬神行動を行った。

どのような敬神行動かと言うと「二月十五日」は「祈年祭《きねんさい》」の日である。この日は釈迦の誕生を祝う灌仏会《かんぶつえ》の日でもあったが、公務としては祈年祭を選んだのである。「祈年祭」とは、春の農耕開始に際し、その年の豊年満作を祈る国家行事であった。

百寮は例年であれば祈年祭と灌仏会、両者に参列したが、両者が重なったこの年には祈年祭を選ぶよう指導されたのである。

仏教興隆の詔が出されると同時に、他方でこのような詔も出され、神仏のバランス感覚のすぐれた天皇であった。

後の摂関政治の時代の「摂政」と違って、当時の摂政はあくまでも補佐役であって、聖徳太子も蘇我馬子も仏教を重んじてはいたが、出家して一神教に転じたわけではなく、共調できるとみていた。

推古朝に流行しつつあった仏教第一主義は、鳴りを静めた。その後、神仏共調が進められていく。

推古朝には「四天王寺」や「法隆寺」などの本格的な仏教寺院が建立されたが、その影響を受けて、神道の方も、それまでの磐座や仮設の建物で祀るのではなく、常設の建物のなかで祀られるようになった。

四天王寺・法隆寺・東大寺・薬師寺など多くの寺院も境内に神社を持つようになっていく。

大化二（六四六）年、伊勢神宮に対し、伊勢国のうち多気郡、度会郡の二郡が国家から神領として寄進され、また出雲大社、鹿島神宮などにも国家からの神領寄進の記録が残っている。このように神仏のバランスを取る方向で、政局は進捗《しんちょく》していく。

天武天皇の時代になると、伊勢神宮に斎王《さいおう》制度が整備され、二十年に一度正殿の建て替えを行う式年遷宮が定められた。

その後まもなく天武天皇は崩御されるが、この時定められた制度に基づき、持統天皇四（六九〇）年、第一回の式年遷宮が行われた。

この後、二十年に一度の式年遷宮（「式年」とは定められた年という意味であり、定められて二十年たった六九〇年が遷宮年にあたっていた）は、後の戦国時代に百二十年余りの中断があるが、その時期を除き二十年に一度、式年遷宮が実施されている。

そのほか、諸社の祭祀もこの時代に定例化され、国家祭祀となっていった状況をみると、天武天皇の頃、神祇制度の整備が進められたとみられる。

大宝令やその後の養老令では、太政官とともに神祇官が置かれ、その長官の伯《かみ》が神祇の祭祀と神職たちの戸籍管理を行い、神祇行政を国家が推進した。

律令の規定では、御代始めの大嘗祭は「大祀」、祈年《きねん》・月次《つきなみ》・神嘗《かんなめ》・新嘗《にいなめ》の諸祭は「中祀」、それ以外の祭祀は「小祀」とするというように、祭祀をその軽重に基づいて区分し実施された。

重要な神社に対しては、神祇官が保管する「官社帳《かんしゃちょう》」（後の『延喜式』神名帳）にその名を登録し、当該神社に対し、国家からの幣帛《へいはく》をたてまつる制度を定めた。

飛鳥～奈良時代にかけて、国家の体制が整備され、仏教の興隆の影響を受けつつ、神社は社殿建築化していく。このようにして、神社は国家と結びつくとともに、仏教と結びついていった。

奈良時代の中期、聖武《しょうむ》天皇の時代になると、仏教全盛の時代となる。

地方の行政単位としての一国それぞれに、国分寺と国分尼寺が建てられるとともに、都に総国分寺としての東大寺が建てられた時代である。

このような時代であっても、東大寺の大仏造立が容易でないことを認め、宇佐八幡神の「我れ天神地祇を率《いざな》いて必ず成し奉《たてまつ》らむ」という託宣により工事が進んだということが『続日本紀』に記されている。

その神は、手向山《たむけやま》八幡宮（東大寺八幡宮ともいう）として今も祀られている。『東大寺二月堂修二会《しゅにえ》神名帳』によると、毎年二月一日～十五日の修二会（今は三月一日～十四日）の期間、毎日『神名帳』奉読が行われている。全国の神々（一万三千七百神）

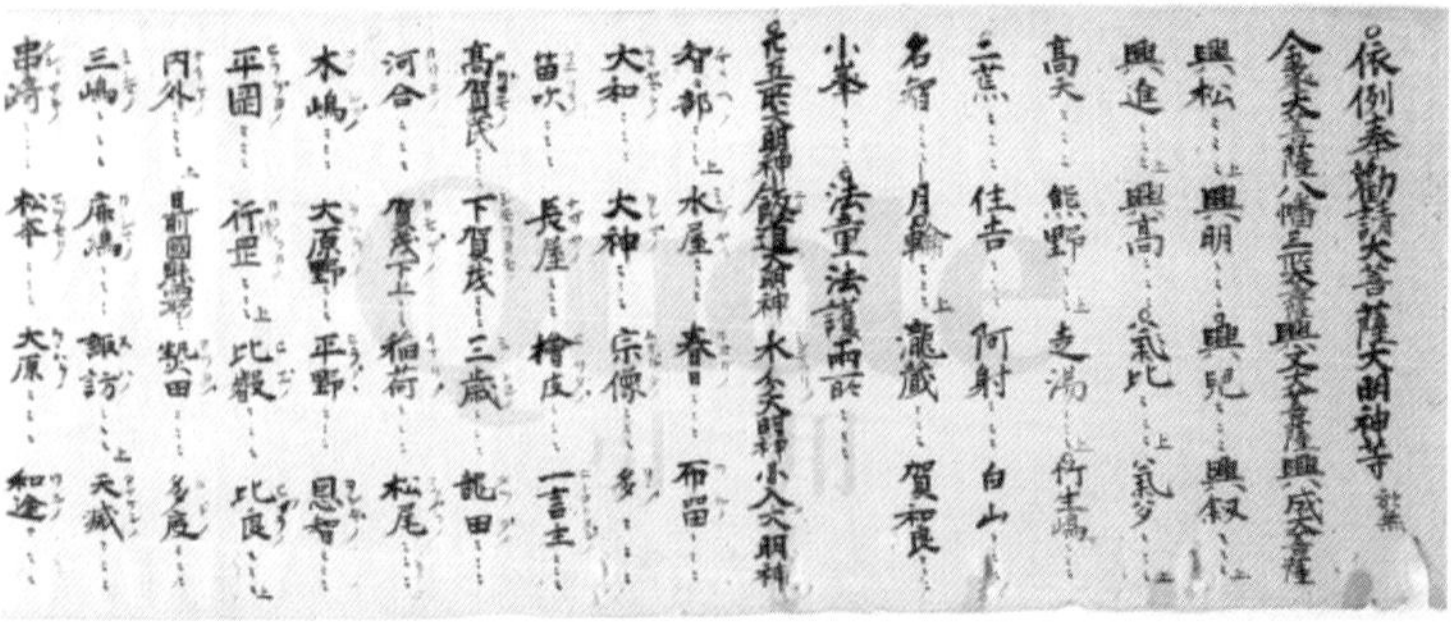
依例奉勧請大菩薩大明神等
金峯大菩薩八幡三所大菩薩興成大菩薩
興松　興明　興兒　興叔
興進　興高　気比　気多
高天　熊野　走湯　竹生嶋
二葉　住吉　阿射　白山
名智　月輪　瀧蔵　賀和良
小峯　法堂法護雨師
毛五氏大明神　飯道大明神　水分大明神　小入大明神
智部　水屋　春日　布留
大和　大神　宗像　多
笛吹　長屋　檜皮　一言主
高賀茂　下賀茂　三蔵　龍田
河合　賀茂下上　稲荷　松尾
木嶋　大原野　平野　恩智
平岡　行基　比叡　比良
内外　越前国気比　熱田　多度
三嶋　廣瀬　諏訪　天藏
串崎　松本　大原　和途

『二月堂神名帳』

手向山八幡宮

が東大寺（二月堂）に招かれ、神々の見守る中で「修二会」が執行されるのである。

そのような寺院における「敬神崇仏」は多くの寺においてみられ、東大寺での手向山八幡宮をはじめ、法隆寺での龍田社、薬師寺での休ケ岡《やすみがおか》八幡宮などが、その例である。

なお、このような寺院内神社に祀られている「神像」のなかに僧衣《そうえ》を着た「神像」がある。それらは「仏像」と混同して造られたものではなく、神がそのような衣を選ばれたという思想に基づくものであり、「般若十六善神」など仏教内の「神像」とは異なる神道の「神像」（男神像は衣冠装束像《皇族男子を模したもの》が多く、女神像は十二単像《皇族女子を模したもの》が多い）である。

寺院に所属する神主《かんぬし》や神人《じにん》は、仏に供える「供物」と神に供える「神饌」とを区別して供えた。

十二単の玉依姫命坐像（吉野水分神社、建長三年）

また神に対する作法と、仏に対する作法を区別して仕えた。仏と神は待遇面で混同された形跡がないのであり、両者を互いに区別できたからこそ「神仏習合」というのである。

なお、次の平安時代に創建される寺院も多いが、そのうち平安仏教の主流となっていった真言宗総本山（金剛峯寺）における神祇信仰（丹生都比売《にうつひめ》社）

への姿勢、また天台宗総本山（延暦寺）における神祇信仰（日吉社）への態度をみてみると、当代と同様、神仏を混同してしまうという事例はなく、神仏を峻別した上での両者の習合が展開するのである。

第九章　平安時代の神社と神道

平安時代における神社と神道の展開についてみてみよう。

前代には神道と仏教が習合し、神社の神前で読経が行われたり、神社の附属の寺として神宮寺が創建されたりしたが、当代になっても前代と同様、神宮寺創建は続いた。

延暦二十（八〇一）年の奥書のある『多度神宮寺伽藍縁起並資財帳』によると、天平宝字七（七六三）年のことであるとして、多度《たど》の神（桑名市多度大社の祭神）が託宣して「吾は宿業《しゅくごう》によって神となっているが、早く仏道修業により神の身を離れ、仏となりたい。その因縁を得られないで困っている。よって修行の場を設けてほしい」と願ったとある。

ここに神の修行のために仏堂が建てられたとあるが、そのような神の修行の場が「神宮寺」であるという考えが生まれた。

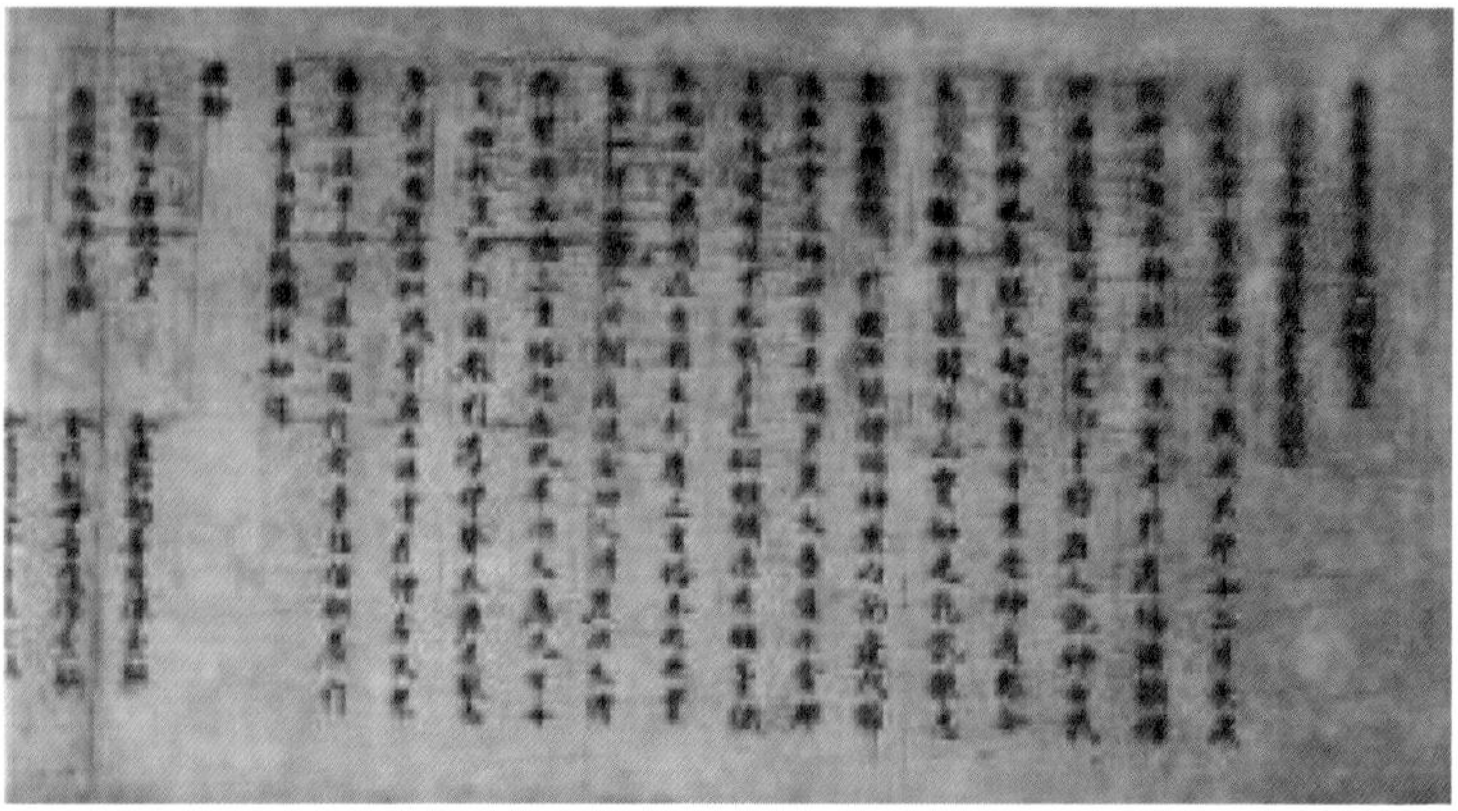

『多度神宮寺伽藍縁起並資財帳』

すなわち、奈良時代から平安時代にさしかかる頃、仏は神より上位に位置するとされ、神は人より上位に位置するが、人と同じく煩悩に悩む衆生とされた。その煩悩から脱却するために、神は仏による救済を求めているという思想が流行し「神宮寺」が創建されることとなった。

こうした「神宮寺」は、多度神宮寺をはじめ、伊勢神宮には伊勢神宮寺が建てられ、そのほかにも、越前の気比神宮には気比神宮寺、常陸の鹿島神宮には鹿島神宮寺が建てられた。

一方、高野山金剛峯寺や比叡山延暦寺を創建するにあたって、丹生都比売神や日吉神の助力が必要であるとされた。

上流階級の人びとは仏教を積極的に取り入れ、その教義に基づき、仏は神より上位に位置するとし「神宮寺」を創建して差し上げねばならないという思想まで生まれた。

しかし、庶民の間では、神道はなお大きな位置を占めていて、高野山や比叡山を開くにあたっても、神の許しを得た上でないと行ってはならないとする思想は変更できなかった。

かくて「神」の観念は少しずつ変容し始め、平安中期になると『石清水八幡宮文書』の中に引用された「筥崎宮《はこざきぐう》に法華経一千部を奉納することを許す」という太宰府からの「解《げ》」という上申文書にみられるように、神と仏は同一であって、本地はインドの仏であるが衆生救済のために迹《あと》を日本に垂れたとする「本地垂迹《ほんじすいじゃく》」思想が生まれた。

なお、この時代はたびたび政変があったが、その際、讒言《ざんげん》（告げ口のこと）にあって、地位を退けられるというようなことが発生し、恨《うら》みをいだきつつ亡くなっていった人びとがあった。

その後、何らかの災害が発生すると、その人びとの怨みの霊のたたりであるとされるようになり、「怨霊《おんりょう》を祀る」ということが行われるようになった。すなわち「御霊会《ごりょうえ》」である。

『三代実録』の貞観五（八六三）年五月二十日の条に記されている「京都の神泉苑

で行われた御霊会」では、早良《さがら》親王・伊予親王・藤原夫人《ぶにん》・橘逸勢《はやなり》の霊が祀られた。

このような怨霊信仰としての「御霊信仰」は、この頃から拡大していった。

特に、延喜三（九〇三）年、菅原道真が藤原時平の讒言《ざんげん》によって大宰権帥《だざいのごんのそつ》への降格人事が行われ、その地で与えられていた官職（九州全土を支配する役所である大宰府の副長官）に就任することがないまま、榎寺という寺に幽閉されつつ亡くなるという事件が発生した。

すると、都において天変地異が起こって道真の霊のたたりであるとされるようになり、道真と関わりの深い北野の地でその霊を祀ることとなった。

これが、北野天満宮である。

かかる「御霊《ごりょう》信仰」は、仏教の「罰《ばち》」の観念と神道の「たたり」の観念を結びつけたものであった。

延暦二十三（八〇四）年のことであるが、伊勢神宮より『皇太神宮儀式帳』および『止由気宮《とゆけぐう》儀式帳』が神祇官に提出されている。

伊勢神宮の鎮座や社殿の状況、神事、遷宮、別宮、摂社、末社の名、年中行事などが記されている。

そのような文献が残されていることからも、当時、神祇制度がかなり整備されたことが知られる。

『新抄格勅符抄《しんしょうきゃくちょくふしょう》』によると「神封《しんぷう》四八七〇戸」と記されており、全国の神社の経済的状況を国家が支援していたことが知られる。

伊勢神宮に対する斎王《さいおう》制度に加えて、この時代になると、京都の上賀茂神社・下鴨神社を王城鎮護の神とし、賀茂両社に対し伊勢神宮と同様の「斎院《さいいん》」という制度を定め、皇女を派遣するという制度が定められた。この斎院の開始は、弘仁元（八一〇）年のことである。

延長五（九二七）年に成立した『延喜式』によると、当時の神祇制度として毎年の恒例の祭祀と臨時の祭祀、伊勢神宮、斎宮、斎院、大嘗祭、祝詞《のりと》、さらに祈年祭の日に幣帛を奉る全国二八六一社に関する規定が定められている。

この頃、神社に位階（当初はその位階授与に端を発する位田を与えられたが、まもなく位の上昇による位田の増加が不可能となり、在来の所領を保証する制度となった）を奉ったり、有力神社の修理のため、国税を用いたりするというようなことも行われた。

全国の有力神社を国家が支援していた時代であり、そのことが比較的徹底された時代であった。

しかし、それは神社を国家と結びつける一方、神祇信仰の自然な宗教的発展をはばむことでもあった。

平安中期以降、律令制は崩壊し、それとともに諸社に対する神祇官や国司からの幣帛供進《へいはくきょうしん》がとだえ、都周辺の社会的地位のある神社に限り国家の大事があるごとに幣帛供進を行うこととなった。

それも最初のうちは十六社であったり、十九社であったりし、数が定まらなかったが、永保元（一〇八一）年以降、伊勢、石清水、賀茂、松尾、平野、稲荷、春日、大原野、大神、石上、大和、広瀬、竜田、住吉、日吉、梅宮、吉田、広田、祇園、北野、丹生、貴船の二十二社と定められた。「二十二社の制」、と呼ばれるものであり、室町中期まで続けられた。

それとともに、これらの神社に対し、庶民も遠隔地参詣するようになっていった。諸国において、朝廷や国司が公的に定めたものではないが、その国内で庶民の崇敬の篤い神社を「一宮《いちのみや》」とする制度が始まった。

『今昔物語集』（十二世紀前半成立）に「今ハ昔、周防ノ国ノ一宮ニ玉祖《たまおや》ノ大明神ト中ス神、在《ま》ス」とある。

また伯耆国一宮「倭文《しどり》神社」出土の経筒（康和五〈一一〇三〉年の銘あり）に「山陰道伯耆國河村東郷御坐《おわします》一宮大明神」とある。

十二世紀初頭には「一宮」が成立し、諸国それぞれで選ばれ、人びとの崇敬を集めた神社が「一宮」であった。

その頃、全国の神社に対し、それぞれ生活地域の氏神など、密接な関係にある神社に参拝するとともに、住まいする地域一円での有力神社に参拝しようとしていたことが知られる。

国々に「総社」が誕生するのも、この時期である。

「総社」とは、多くの神社を一カ所に総《す》べ祀るという意味であって、当該一国の全神社を一社に勧請する一国の総社、一氏族が崇敬する神を一社に勧請する氏族の総社、あるいは寺院内でその寺に関係する神を一社に勧請する総社があった。

このうち、一国の総社は、国府に近いところに勧請された。

それは、国司が任国に赴任する際、国司奉斎社を巡拝する制度があったが、時代がくだると、巡拝制度に変更を加え、国司が業務を行っている国衙《こくが》の近くの一社（在来の古社を利用してそこへ神々を集めるケースと、新たな総社を創建して神々を集めるケースがあった）に勧請《かんじょう》し、参詣した。それが、総社の始まりであり、国司業務の簡略化であった。

この時代には、神道は仏教と習合して説かれ、一部には、神は仏より下位にあって神も仏教修行により菩薩となり、仏となれるという思想が生まれたが、一般の人びとの間では理解を得られることなく、神と仏を同体とする「本地垂迹思想」が生まれ、神仏を同体とみる思想が前説を淘汰するようになっていった。

もともと「本地垂迹」という考えは『法華経』のなかにある思想である。「絶対釈迦」がいらっしゃるのに対し、それとは別のものとして、現実に現れて民衆を救済してくださる「現実釈迦」がいらっしゃって、その両者は一体であると説く思想である。前者を「本地」、後者を「垂迹」と呼ぶものである。

この思想を援用して、仏と神との関係も同様であるとする立場から立てられた神仏習合説が「本地垂迹思想」である。

在来の説である神を民衆と同じ立場として仏の下位とし、民衆が修行して仏になりたいと願うように、神も修行して仏になりたいと願うに違いないとする思想は一般の

熊野本宮大社

人びとにとって理解しがたかったのであって、こちらに一本化されるようになった。

平安中期に成立する神仏を同体とみる「本地垂迹思想」は、前説が一方的でひどかっただけに人びとの歓迎を受け、受け容れられていった。

平安後期になると、それは、神道と真言宗を結びつける「両部《りょうぶ》神道」ならびに神道と天台宗を結びつける「山王《さんのう》神道」へと展開していった。

「両部神道」は、真言密教の金剛界と胎蔵界の世界を神々の世界にあてはめ、なにごとも「両部」（陰陽・男女・内外など全てにおいて二つのものから成るという説）という考えで説明できるとする二元論哲学であった。

一例をあげると、この説に基づき伊勢神宮は二つの宮で構成されるが、内宮は「胎蔵界」の大日如来であり、外宮は「金剛界」の大日如来である、というふうに説いた。

「山王神道」は、「山」と「王」の二字は、縦三線を横一線でつらぬく文字と、横三線を縦一線でつらぬく文字からできた熟語であり、それは天台宗の「三諦即一《さんたいそくいつ》」という思想であるとし、日吉社《ひえ》と天台宗の教理を結びつけて説くものであった。

平安末期には、熊野本宮・熊野新宮・熊野那智の熊野三山に対する信仰の展開がみられた。

熊野は、修験《しゅげん》の修行の地であるが、天皇は幼少であるため熊野への旅行は無理であったが、位を譲って上皇となられた後、実質的な支配を維持されていた宇多上皇が熊野に参詣されたことによって、人びとは熊野に注目した。

特に、熊野の地が都の南方であることから『華厳経』が記している「観音の住む浄土」であるとされるようになり、寛治四（一〇九〇）年の白河上皇の熊野参詣が行われた頃より人びとの熊野参詣が盛んになり、その様子は蟻の行列のようであった。

そのため、この平安末期の熊野参詣を称して「蟻《あり》の熊野詣」と呼んだ。

第十章　鎌倉～室町時代の神社と神道

鎌倉～室町時代における神社と神道の展開をみてみよう。

鎌倉時代になって政権は武家の手に移った。それとともに神道も大きく変化した。律令時代、律令制のもとで神祇制度が確立され神道が尊重されたが、一面からみれば神道の祭祀儀礼を形式化するばかりであって、人びとの信仰心を満足させるものとはいえなかった。

それに対し当代は人びとが自分を自覚し、信仰を取り戻した時代であったといえよう。例えば、この時代の庶民の信仰は、源頼朝により刺激が与えられて展開した面がある。

頼朝は平治の乱で捕えられ、永暦元（一一六〇）年に伊豆に流された。時に十四歳であった。

伊勢神宮 外宮

その後の二十年を流人生活で暮らしたが、当時の風潮の中で頼朝は観音信仰を有していた。

ところが、治承四(一一八〇)年の挙兵後は、鶴岡八幡宮、伊豆山権現、箱根権現、三島大社など、居館(鎌倉幕府)から比較的近くにある神社を崇敬した。

一方、遠隔地では伊勢神宮に特別な崇敬心をいだいた。伊勢神宮に対し御厨《みくりや》を寄進し、神領安堵《あんど》に対する特別な意を用いた。

神領に侵入しようとする行為や、神領の存在を危うくしようとする行為があった場合、ただちに取り調べるとともに、それが部下である場合であっても容赦しなかった。

頼朝の処理しがたい公家の場合でも、裁決を上皇に願い出てはいるが、武力行使を最終手段にするという態度であり、伊勢神宮に有利な条件を示している。

そのようにして伊勢神宮の経済的安定を計った頼朝によって、伊勢神宮は保護された。

部下の御家人たちも頼朝にならって神領を寄進することとなり、神領が東海、関東、甲信越の各地に広がっていった。

同時に、それら神領内に住む人びとを中心に、伊勢信仰が拡大していった。

個人的な祈りを禁止し天皇以外の者が幣帛を奉ることのなかった伊勢神宮を、一般の人びとに近づけることとなった。

人びとの大きな信仰を集め、平清盛もあつく信仰した熊野三山に対し、頼朝はそれほど関心を示さなかった。

伊勢神宮に対しては、日本第一の宮として位置づけるとともに特別な崇敬心を示した。

それが当代以降の庶民の伊勢信仰に大きく影響し、さらに神宮祠官の自覚を促し、後述する伊勢神道成立へと進捗させた。

　また頼朝は、神国思想を特に大事にしたことにも注目しなければならない。

　九条兼実《かねざね》は日記『玉葉《ぎょくよう》』に、寿永二（一一八三）年、後白河法皇への政策言上のなかで源頼朝が「右、日本国者神国也」と述べたと記している。

　それとともに、頼朝の時代には人びとの信仰に関わる大きな事件が起きた。三種神器に関する事件であった。

　文治元（一一八五）年、平家が滅亡する際、安徳天皇の入水《じゅすい》とともに、皇位継承の御しるしとされていた神器の一つ、宝剣が海中に水没した。

　このことは、当時の人びとに大きな波紋を投げかけ、改めて皇位継承の御しるしの尊さを認識させた。

　貞永元（一二三二）年、北条泰時は、御成敗式目の第一条に「神社を修理し、祭祀を専らにすべき事」と記し、政策基調の第一に神事優先を唱っている。

　また伊勢神宮の祠官たちによって、伊勢神道が提唱された。

　この神道を代表する文献として『天照坐《あまてらします》伊勢二所皇太神宮御鎮座次第記』『伊勢二所皇太神御鎮座伝記』『豊受皇太神御鎮座本紀』『造伊勢二所太神宮宝基本記』

『北野天神縁起絵巻』（重要美術品）

『倭姫命世記《やまとひめのみことせいき》』などが著され、これらにより伊勢神宮の権威や神器の尊さなどが強調された。

室町時代になると、当代の政治の中心にある室町幕府は、当初、鎌倉幕府の神祇行政を踏襲し、寺社奉行を置いて社領安堵や社殿修理につとめた。

一般の人びとの間では、神仏習合的な重層信仰が展開し、諸社の勧請が多くなされた。

前代に描かれた『北野天神縁起絵巻』などの縁起絵巻が広められ、縁起神道が多く説かれた。

ただし、室町幕府は鎌倉幕府ほどの政治力を持つことができず、神祇行政が乱れた。

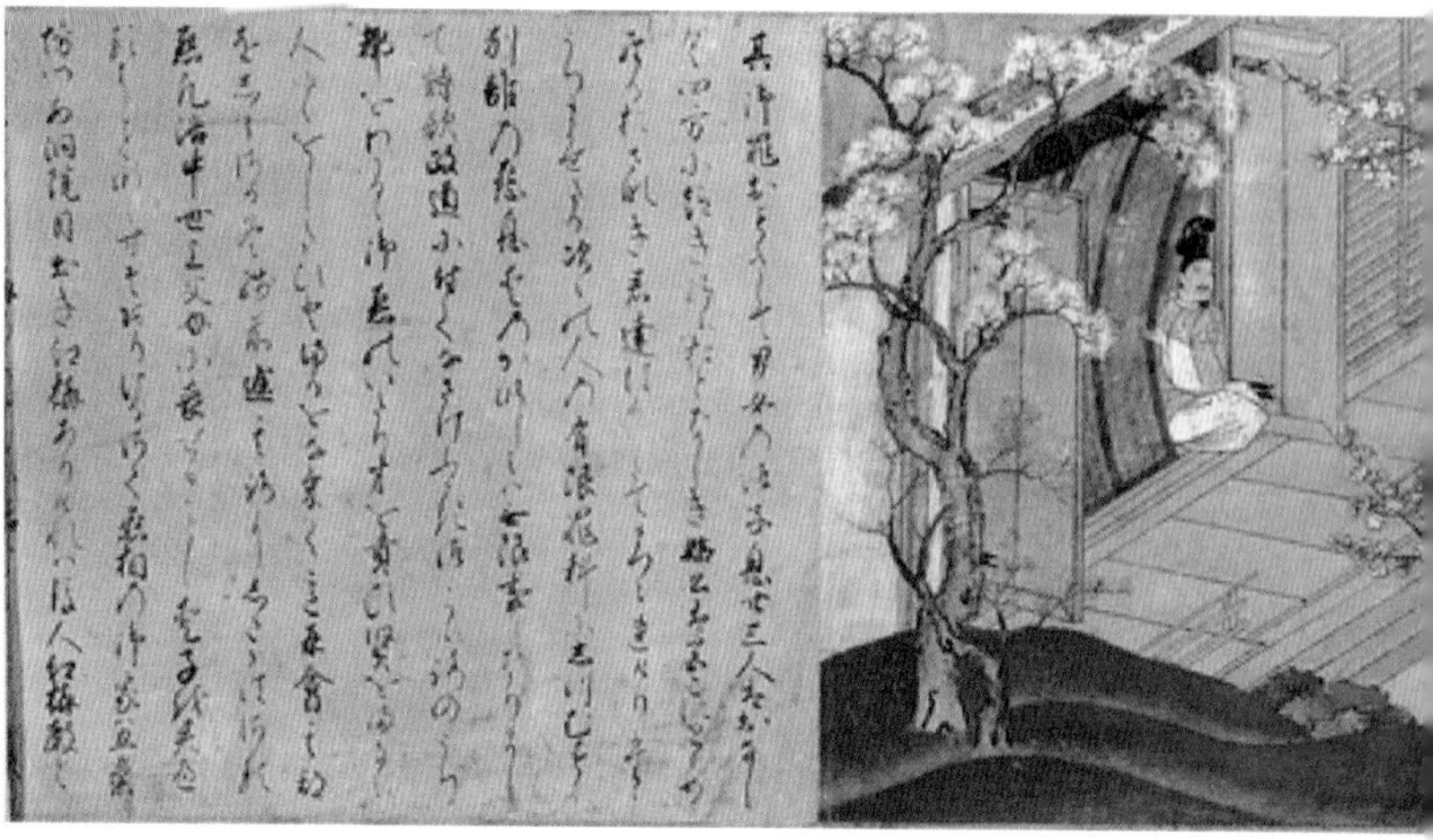

朝廷も次第に衰微し、天皇即位儀礼としての大嘗祭がとだえ、二十二社の制も当代中期には行うことができなくなり、伊勢神宮のみ奉幣されることとなっていった。

伊勢神宮の二十年一度の式年遷宮は、この時代に式年（定められた年の意であって、定められた年が二十年）ごとの建て替えが困難となり、内宮は後花園天皇の寛正三（一四六二）年から正親町《おおぎまち》天皇の天正十三（一五八五）年まで、外宮は後花園天皇の永享六（一四三四）年から正親町天皇の永禄六（一五六三）年までの間、式年遷宮が行われなかった。

伊勢神宮の斎王制度も、後醍醐天皇の時代に祥子内親王が卜いで選出（これを卜定《ぼくじょう》という）されたが群行《ぐんぎょう》（実際に赴任すること）は中止され、これ以降全く行われず、制度として崩壊した。

このような幕府による、また朝廷による神祇行政が、戦乱の中で充分に行われない時代であった。

各神社の神領も、多く略奪され、神社は疲弊した。

しかし、庶民は乱世であるだけに諸社に頼って信仰を寄せ、重層的な神仏習合を完成させていった。そのようななか、伊勢神道を継承しつつ反本地垂迹説を主張したのが、吉田兼倶《かねとも》であった。

兼倶は、神祇官の官僚であった卜部《うらべ》氏の出身であり、卜部氏は平安時代には松尾大社の社務を行い、しばらくして平野神社や吉田神社の社務を行っていた。

また鎌倉期には、その一族から『釈日本紀』を著した卜部兼方が出て、古典研究の家として知られていた。

兼倶は、そのような卜部氏の出身で、室町中期に唯一元本宗源《ゆいいつげんぽんそうげん》神道という神道説を唱え、神社界に大きな影響力を持った。

兼倶の主張する神道思想は、祖先の名に託して著した『唯一神道名法要集』『神道由来記』、兼倶自身の名で著した『神道大意』などにみられるもので、そのうちの『唯一神道名法要集』によると、当時の神道は大きく分けるならば本迹縁起《ほんじゃくえんぎ》神道、両部習合神道、元本宗源《げんぽんそうげん》神道の三つに分けられるとするとともに、そのうちの元本宗源神道は卜部氏の祖と称する天児屋根命《あめのこやねのみこと》の神託だとして唯一絶対の神道だとする。

そして、仏教がものごとの花や実、儒教がものごとの枝や葉であるのに対し、神道はそれらの根であると説いた。

さらに神を天地に先立って天地を定め、陰陽を超越して陰陽を感じる存在だとし、天地においてはこれを「神」といい、万物においてはこれを「霊」といい、人においてはこれを「心」というと称した。

そして神は即ち霊、神は即ち心であると説き、神道とは心を守る道であり、その心を守るため、人びとは内清浄《ないしょうじょう》といって心の清浄につとめるとともに、外清浄《げしょうじょう》、即ち身体的な清浄につとめるべきであるとした。

そのようにして、吉田兼倶は仏教を排斥しながらも、仏教儀礼を取り入れた「神道護摩《ごま》」を創作して、それが仏教の護摩に先立つもの（確証がなく、むしろ仏教儀礼の流用）だと称し、さらに「神道加持《かじ》」なるものを発明して太古以来のものだと称した。

また、その神道伝授の方法として密教的方法を用いている。

兼倶の説いた思想や方法には、たしかに独自性はあるが、基礎に伊勢神道を継承し、その上に密教を取り入れ、当時の人びとの心の欲するところをくみ取りつつ立論していったことが知られる。

そのような神道思想を確立した上で、国の神祇行政が有名無実化していることから、自らを「神祇管領勾頭長上《じんぎかんれいこうとうちょうじょう》」という地位にあると称し、全国の神社を吉田家が支配する体制に成長させる基礎を固めた。

第十一章　江戸時代の神社と神道

江戸時代における神社と神道の展開についてみてみよう。

戦国の争乱期、神社は荒廃した。特に織田信長によって寺とともに焼打ちされた神社があったが、信長はその戦乱が治まると伊勢神宮の復旧を計ったほか、各地の神社の復興につとめた。

豊臣秀吉、徳川家康も、社会が落ち着くと神社の復旧にあたった。

家康は、天下統一ののち、宗教政策を重視した。家康自身、天台宗、浄土宗、臨済宗について学ぶとともに神道を学んだ。

吉田兼見《かねみ》の弟（梵舜《ぼんしゅん》）を招いて吉田神道を学び、吉田神道の奥秘《おうひ》伝授にまでにいたっていた。

家康は元和二（一六一六）年四月、本多正純らに遺言し、死後みずからを神葬祭にして久能山で葬り、芝の増上寺において葬儀を行い、三河の大樹寺で位牌を祀り、一周忌が過ぎると日光に祠《ほこら》を建てて神として祀るよう命じている。遺言どおり、翌年の四月、久能山にある家康の遺骨を日光に遷して祀った。

家康は前述のように、梵舜に対して神道について質問を重ねていたが、なかでも藤原鎌足を祀る談山権現（妙楽寺）と北野天満宮に関する質問をしている。

それは、藤原鎌足と菅原道真が逝去後ただちにではなく、ある期間を経て神となったことに関心があってのことであったと思われる。

一周忌が過ぎた頃、すなわち、ある時期を経た後、神として祀られることを、それらの例にならって望んだものとみられる。

当代には、伊勢神宮と日光東照宮にのみ勅使が毎年朝廷より派遣された。そして日光東照宮の分霊が、御三家をはじめ各藩に勧請され、各藩の武士たちによって東照大権現として信仰された。

また、幕府の文治政策や諸藩の学問奨励策などの結果、藩校や私塾が発達し、神道研究が活発に行われるようになった。

儒学は前代、もっぱら五山の僧、つまり臨済宗の僧によってなされていたが、当代

談山神社 十三重塔

北野天満宮 本殿

日光東照宮 陽明門

に入ると仏教から離れて独自に学ばれるようになった。

儒学者は仏教を嫌って神道と結びつき、神道と儒教の道は一致するという儒家神道を提唱した。

こうした説は、藤原惺家《せいか》、林羅山らによって説かれたが、彼らは本地垂迹《ほんじすいじゃく》説を否定し、唯一宗源と称した吉田神道にも仏教色のあることから、これを排斥した。

吉川惟足《これたり》は、吉田神道の伝授を受けたが、その仏教色を嫌い、朱子学と結びついた一派を唱えた。すなわち、吉川神道である。

山鹿素行《やまがそこう》も、その儒学の系統の上に、

神道は聖教であり、上に天皇を仰ぎ君臣の分を明らかにするところに根本があると唱えた。

このように江戸時代を通じて儒学が盛んになるとともに、儒学諸派と結びつきつつ、道徳的側面が強調される神道となった。

前代末、廃絶したかのようになっていた伊勢神道を、度会延佳《わたらいのぶよし》（一六一五〜一六九〇）たちは復興させた。延佳は、儒仏を排して本来の姿に帰ることを主張し、平易な言葉で神道を説いた。

中世の伊勢神道を「前期伊勢神道」と呼ぶのに対し、当代の伊勢神道を「後期伊勢神道」と称する。

山崎闇斎《あんさい》は、前述の吉川惟足《これたり》、度会延佳から神道を学び、垂加《すいか》神道と呼ばれる一派をおこした。この神道は徹底した排仏と道徳主義を主張し、門下に正親町公通《おおぎまちきんみち》、出雲路信直《のぶなお》らを出し、幕末の尊王運動に影響を与えた。

江戸前期の儒家神道・吉川神道・垂加神道に対し、江戸後期になると日本古典を読み直し、儒仏渡来以前の神道に復古しようという復古神道が発生した。その中心が本居宣長と平田篤胤《あつたね》であった。

本居宣長旧宅

本居宣長は、享保十五（一七三〇）年、伊勢国松坂本町に生まれ、家業（木綿問屋）をつぐべく修業していたが、母・かつは、商才のない宣長に医者の道を選ばせた。

宣長は京都に出て儒学を堀景山《けいざん》に、医学を武川幸順《たけかわこうじゅん》に学び、京都から帰ると、小児科を中心に大人の内科もみる町医者を開業した。

そして歌会や『源氏物語』の勉強会も主宰し、そのような機会や著書を通じて、人間にとっての感動の中心は「素直」に感動する心であると説いた。

当時は、儒教が盛んに行われ、仏教も盛んであって、儒教や仏教によるかぎり

「素直」に感動する心を表に出せない時代であった。儒仏は「素直」を肯定しないのである。

親の死に目に遭うと、涙を流すことなく、じっとこらえていることが儒教に基づく立派な態度だとされ、「素直」に悲しむことが許されなかった。

それに追い打ちをかけるようにして、この死は「極楽往生」を遂げたのであり、悲しむ必要のないものであるという仏説による説法を受けねばならなかった。

そのような中で宣長は、「素直」に喜び、「素直」に悲しむことが大切であると述べた。重苦しい封建制社会の中で、人びとがどう生きていったらよいのか迷っていた時代に、「素直」に生きようと述べるとともに「まごころ」の尊重を説いた。

日本人の本当の心からわざとらしさを除き、直感的に感じる心を持つことが人間の生きていく喜びになると語りかけた。このような宣長の考えが一気に広まり、普及していった。

宣長のあとを受けた平田篤胤によって、祭政一致が強調され、また宗教性が加味された。

この時代、伊勢参宮が全国的に流行し、慶安三（一六五〇）年以来、約六十年ごとにお蔭参りが発生し、膨大な参詣人があった。

　このほか、京都の伏見稲荷、讃岐の金比羅社、安芸の厳島社、近江の多賀社、尾張の津島社などに、庶民の崇敬が集まった。

　江戸の山王社、神田明神、京都の北野天満宮、祇園、大坂の天満天神、住吉社、長崎の諏訪社も庶民の信仰を集めた。

　上方と江戸で稲荷社が数多く勧請され、さらに全国へと広まったのもこの時代である。

　当代には公家や武士、社家といった有識者だけでなく、庶民を対象にわかりやすく神道を説いた書や、そのように説く神道家が現れた。

　橘三喜《たちばなみつよし》は江戸浅草で神道講釈を開始し、また全国の一宮に参詣し『諸国一宮巡詣記』を著した。

　増穂残口《ますほざんこう》は関西を中心に神道・儒教・仏教三教の思想的一致を説き、国家観念を喚起した。

　井上正鉄《まさかね》は三種《みくさ》の祓を説き、神道禊教《みそぎきょう》の創始者となった。

　梅辻規清《のりきよ》が唱えた烏伝《うでん》神道も、陽明学や禅を交えて神道を説く一種の通俗神道であった。

また、京都の石田梅岩《ばいがん》は、神道・儒教・仏教・老荘思想を混成し、庶民の敬神思想をはぐくんだ。

また、二宮尊徳《たかのり》が現れ、庶民に神道と報恩の思想を説いた。

そのようなさまざまな神道説が流布し、庶民の神社信仰は広く展開した。

第十二章　明治以後の神社と神道

明治以後における神社と神道の展開についてみてみよう。

前代末期、復古神道・垂加神道などの思想に基づき、黒船来航以後の時局に対応できない幕府を倒し、王政に復古しようという尊王討幕運動が起きた。

幕府は政治を天皇にお返しする（大政奉還）とした。

その後、王政復古の大号令が出されることとなるが、これは岩倉具視や薩長が倒幕のために行った宣戦布告であった。岩倉らの思いきった決断が官軍を勝利に導き、近代日本への道を開いた。

これ以降の新政府樹立の動きのなかで、その政治理念は根底に復古神道を置いていた。

これにより、それまでの神仏習合に基づく様式の一掃を計り、国学で唱える「祭政一致」を実現しようとした。

それまでの神仏習合を廃止しようとして、慶応四（一八六八）年三月十三日〜明治元（一八六八）年十月十八日にかけて、太政官布告・神祇官事務局達・太政官達など（これらの総称を神仏判然令という）を出した。

神仏判然令は神社に出された法であって、神社には神宮寺があるため、それらに対し土地、建物、本尊、仏具、仏典を無償で譲渡して独立させ、神社の事務を僧の姿で行ってきた者が神職に転職したい場合には、これを許すようにというものであった。ただし「神仏判然」は江戸時代から岡山藩、尾張藩、水戸藩、淀藩、会津藩、松江藩などの諸藩で行われていた。

尾張藩の真清田《ますみだ》神社では「梵鐘」（天野信景《さだかげ》の『塩尻』に文明十三〈一四八一〉年の同社の鐘の銘が引用されているが、現存する鐘銘によると鋳直しが行われ、宝永二〈一七〇五〉年当社に奉納された）が仏教的であり神社にふさわしくないということから享和四（一八〇四）年に撤去し、海部《あま》郡甚目寺《じもくじ》町の普光寺《ふこう》に売却され、同寺に現存する。「梵鐘」は煩悩を除くとされただけでなく、付近住民に時刻を知らせる道具としても機能していた。そこで「梵鐘」のなくなった真清田神社では「太鼓楼」（『尾張名所

名草神社　三重塔

図会』にその絵が掲載されているが現存しない）を建てて、太鼓で時を知らせることとした。

出雲大社は中世以降、鰐淵寺《がくえんじ》の影響が強く、鰐淵寺の僧が出雲大社の神前で読経し、境内に三重塔（寛文年間に兵庫県養父市にある名草《なぐさ》神社に移築）が建てられたりしていた。

出雲国造千家尊光《たかてる》は、松江藩の支援を受け、出雲大社の大規模な復元（寛文の御造営）を行い、それにより境内は現在の状態となった。しかし、多くの神社では神仏習合が続けられ、神社には別当寺があった。

明治の戸籍制が成立するまで、人び

とは寺請《てらうけ》制度下に置かれていて、寺が所有する「檀家帳」を戸籍のかわりとして代用していたが、神職の戸籍も同様であった。神職は藩主に「離檀」（寺の檀家から離れること）を願い出た。

それが許されると、神道宗門（神道宗・神宗・神祇道宗門なども称し、各藩により異なる）を結成したが、それは本人と長男に限られた。他の家族は、一般の人びとと同じ「寺請」下に置かれ、「道中手形」の発行、葬儀、法事など、さまざまな点で寺の管理下にあった。

寺の権力はきわめて強く、一つの村に別当寺が置かれると、村内の他の神社の別当も兼ねた。

自然の山や川を神霊とし、その依り代の拝礼施設として発展してきた村の神社を中心とする村びとの生活は、村の社を拝むだけでなく、祀られている神の「本地《ほんじ》」とされる本尊を拝まねばならなくなった。そこで、本地仏のある「別当寺」へと足を運んだ。

明治になって「別当寺」は独立したが、前代の権勢への反発から、人びとは「別当寺」に参らなくなった。

また遠方の神社の氏子たちは、他の集落にある「別当寺」にまで参りに行かなくなった。

『明治維新神仏分離史料』によると、明治末期の大正大学（当時、天台宗大学と称していた）で、老師が若い僧たちに「神仏判然令」といっても明治初期の寺の苦境への理解が得られないため、「神仏判然令つまり神仏分離の令じゃ」と講義したのが、「神仏分離」という語の初出である。

その言葉が僧の間の慣用句となり、後には生徒の教科書用語に用いられ、現在に至っている。出された法は「神仏判然令」であって「神仏分離」は四十年後の造語なのである。

教科書では「神仏判然令（神仏分離令）」と併記されるが、生徒は説明語を好む傾向にあって、後者を暗記する。

旧憲法を上部法とする単行法であって、新憲法の施行（昭和二十二〈一九四七〉年）とともに効力を失う。

なお、この法がもととなって「廃仏毀釈」にいたったと教えられるが、幕藩体制の下部構造として、納税にかかわる戸籍や道中手形などの業務を独占してきた寺に対する民衆の反発を教えないために理解されないのである。業務終了で生じた民衆の解放感から起きた破壊行動であり、宗教施設としての寺と社の境内分割そのものが「廃仏毀釈」につながるとは思えない（また経済的苦境は後の「上知令《あげちれい》」によるものであって、それは後述する）。

讃岐国一宮（田村神社）と四国三十三番札所（一宮寺）、あるいは熊野那智大社と西国一番札所（青岸渡寺《せいがんとじ》）など、寺と社の境内分割が行われ、寺のみ参るか、社のみ参るか、両方に参るか、参詣者に宗教選択の自由が与えられたのであって、一方的に寺へ参らせないようにしたという事実はない。

また神社に出された法令であるから、東寺における東寺八幡宮、薬師寺における休ヶ岡八幡宮、愛知県豊川市にある妙厳寺《みょうごんじ》における豊川稲荷は今も分離されず、神仏習合時代のままである。

ただし、急激な「離檀」行動が起きた例がある。奈良県の大神《おおみわ》神社が鎮座する大三輪村など、一村全体で「離檀」が行われた。

旧神宮寺（大御輪寺《だいごりんじ》）の境内で、各家庭の仏壇・仏具を焼却し、大御輪寺本尊（国宝の十一面観音像）は、多武峰村の聖林寺（本尊は地蔵菩薩像）に借用され現在にいたっている。大和国全体の一宮において、その本尊として造仏されたものであり、村の寺が造ったものではなく、大和国全体の人々により信仰されていた仏である。

明治二（一八六九）年、談山権現は「妙楽寺」を廃寺にし、僧は復飾（「飾り」とは髪の毛のことであり、僧が髪の毛を伸ばすこと）して神職となった。

そして「談山権現」が「談山神社」と改称（十三重塔など妙楽寺時代の仏教施設はそのまま残されており、神仏習合時代の姿を伝えている）され、本尊（阿弥陀三尊像）は安倍の文殊院へ移された（同院で釈迦三尊像に改められ、現存する）。

これに比べ格段に厳しいのが、明治末期に行われた神社合祀令である。

神社合祀令とは、明治三十九（一九〇六）年八月十日の勅令第二二〇号「神社寺院仏堂合併跡地の譲与に関する件」を受けた同月十四日の内務省通牒のことである。

それは、「府県社以下神社ノ総数、十九万三千有余中、由緒ナキ矮小《わいしょう》ノ村社・無格社夥《おびただ》シキニ居リ、其ノ数十八万九千余」であり、「神社ノ体裁《ていさい》、備ハラズ、神職ノ常置ナク、祭祀行ハレズ、崇敬ノ実挙《あ》ガラザ」るため、神社の「尊厳ヲ計《はか》」るため、一村に鎮座する社を一社にする、というものであった。

その結果、氏子の居住地域の遠近、由緒、規模に関係なく、それまで村の小字に一社ずつあったのが一村一社とされ、十九万三千あった神社が明治四十二（一九〇九）年に十四万七千（三年で四万六千社廃絶）となった。

瀧川政次郎「稲八金天神社《いなはちこんてん》」（『朱』一五所収、昭和四十八年）によると、和歌山県でもっとも多かった社が、稲荷、八幡、金毘羅、天満宮であったため、「稲八金天神社」という名にすることにより四分の一にするというものであって、南方熊楠《みなかたくまぐす》は「稲八金天大明権現王子」は「神様の合資会社」であって「混雑千万、俗臭《ぞくしゅう》紛々、難有味《ありがたみ》少しもなし」とし、このような合祀策は「無識無学」な小役人による「我利我欲」であるとした。

また、神仏習合になっていたわけではない「興福寺」において、一条院（跡地に奈良地方裁判所が建っている）、大乗院（跡地に奈良ホテルが建っている）の門跡以下が還俗《げんぞく》して春日大社の神職となり、仏像類は明治三十八（一九〇五）年と明治三十九（一九〇六）年に興福寺から県に「譲渡願」が出され、承認されて売却された。明治末期のことである。

古美術商を経てメトロポリタン美術館（快慶作地蔵菩薩立像）、ボストン美術館（快慶作木造弥勒菩薩立像）、ＭＩＨＯ・ＭＵＳＥＵＭ（重文の持国天立像）、藤田美術館

（重文の地蔵菩薩立像）、東京国立博物館（重文の文殊菩薩及び侍者像）、奈良国立博物館（重文の増長天立像・重文の多聞天立像・重文の十一面観音立像・重文の毘沙門天立像・重文の愛染明王坐像）、根津美術館（定慶作帝釈天立像）などに売却されている。

春日大社と興福寺は、枚岡《ひらおか》神社（藤原氏の氏神）と山階寺（藤原氏の氏寺）がそれぞれ奈良時代に首都に移転したのであって、両者は近いが離れており、神社境内に建てられた神宮寺ではない。

僧侶と神職が同じ藤原氏で親戚関係にあったため、興福寺の僧たちは就活して春日大社の神職となったのである。

また興福寺は、江戸時代、幕府から二万一千石の所領が与えられていた。一万石以上を大名といった時代であり、大名クラスの財力を誇っていたのである。そういうところに起きた僧たちによる離反であって、こういうことまで神仏分離とはいえない。

実際は、幕藩体制が終わって旧民法下の戸籍が誕生し、納税面において檀那寺が所有する「檀家帳」に依拠しなくてよくなり、幕藩体制下、民衆支配の下部構造であった寺への民衆の感情を伏せて置くことから生じる日本法制史への誤認である。

「檀家帳」に基づく税システムが「戸籍法」に基づく税システムに移行したことに

より、寺の世俗的権力は終焉を告げ、それによって起きた民衆の破壊行動が「廃仏毀釈」である。

したがって、江戸時代において確立された葬儀・法事・墓地など、寺と檀家との純宗教的関係は今も続いている。

明治二（一八六九）年、国民に新政府の政治方針として神道精神を熟知させる「宣教使の制」を定めた。

翌三（一八七〇）年一月三日「神祇鎮祭の詔」が出され、天神地祇、八神殿および皇霊殿を神祇官内に祀った。

同日、宣教使をして「大教を宣布」させたのが「大教宣布の詔」である。

同年十月には官社以下大小神社の祭式・神職などについて調査させ、閏十月、各府・藩・県に対し、管内神社の「神社明細帳」（鎮座地、祭神名、由緒などを書いた帳簿）の提出を命じた。

また、明治四（一八七一）年と明治八（一八七五）年の「上知令《あげちれい》」によって、江戸時代に認めていた寺院領と神社領が没収された。これは寺院も神社も平等に行われたものであり、寺院領だけが没収されたのではない。

「上知令」抜きに、神仏分離で寺が苦境に陥ったと説かれるが、経済上の問題と信仰上の問題を混乱して説かれることにより生じた誤断である。上知令は「廃藩置県」に伴うものであって、神社にとっても寺院にとっても経済的苦境に陥った。寺院領や神社領を与えていた藩が消滅したためである。

この頃、国学に頼っている限り世界の動向への順応は無理であるとされ始め、平田派国学が急激に凋落した。西洋文明の受け入れが進み、政府機構の近代化が整ったことから、神祇官が廃止され、神祇官が行っていた業務は「太政官」に移され、太政官の下に「神祇省」というものが置かれた。

さらに「神祇」という名についても弊害があるとされ、翌五（一八七二）年三月「教部省」となり「神祇」の名もなくなった。

同年四月には、それまで国学者に「大教」を宣布させていた「宣教使」が廃止され、「教導職」となった。新設の「教導職」は、神職と僧侶がともに任用されていた。

ところが、法整備が進むとともに、神道を法的にどう取り扱うかが問題となり、明治十五（一八八二）年一月、神職・教導職の兼務が禁止された。

すると、神職で「教導職」でもあった人びとのうち、独自の神道理論で教導に当たっていた人はそれを不満とし、黒住教、神道修成派、出雲大社教、扶桑教、実行教、神道大成派、神習教、御嶽《おんたけ》教、神理教、禊《みそぎ》教、金光《こんこう》教、天理教、神道大教を結成した。それが「神道十三派」である。

黒住教 本部

明治二十二（一八八九）年、大日本帝国憲法が制定されると、神道は、宗教とは別であるとされた。

宗教ではなく道徳であるとされたのであって、これにより自然な宗教的発展が阻害されることとなる。

明治十（一八七七）年から教部省に代わって内務省社寺局が神社事務を取り扱うことになっていたが、明治三十三（一九〇〇）年になると、社寺局が神社局と宗教局の二局に分離されることとなり、神社は神社局の扱いとなり「神道十三派」は宗教局の扱いとなった。

大正二（一九一三）年になると宗教局は内務省から文部省に移されることとなった。この頃になると、神道という語より「神ながらの道」という語が多く用いられるようになるが、日本における神道という語の始まりは、『日本書紀』の終わりの方を担当した渡来系の執筆者により、用明天皇の段に「天皇、仏法ヲ信ジ、神道ヲ尊ビタマフ」と用いられたものをはじめ三度の記載がある。

日本で独自に発展をとげてきた信仰を『古事記』は「本教」や「神習」と呼び、用明天皇の段以前の『日本書紀』は「神教」「徳教」「大道」「古道」と呼んでいる。

江戸時代には、国学者たちは「神道」という語（中国の古典では墓への通路を「神道」と呼んでいる）を嫌って「皇道」「大教」「本教」などと称し、明治になると「大教」を多用して「大教宣布の詔」などと用いた。

大正時代になると、今度は「神ながらの道」と称した。「神ながら」の出典は『日本書紀』の大化三（六四七）年四月の条に「惟神《かむながら》も、我が子、治《しらさ》むと故寄《こと》さしき。是を以ちて、天地の初めより君臨《きみしらす》の国也」とある中の「惟神」をさすもので、この語に注があって「惟神とは、神の道に随ふを謂ふ。亦自《またおのづか》ら神道有るを謂ふ」とあり、「惟神」を「かんながら」と訓じ、「神ながらの道」と称したものである。

神社本庁

大正十四（一九二五）年、筧克彦《かけい》という東大法学部の憲法・行政法の教授が『神ながらの道』という書を出版し、多用した。

このような状況が継承されつつ国際関係が緊迫化すると、国民思想の統一と称し、神社の祭祀が強調された。

そのような中、昭和十五（一九四〇）年、内務省神社局が解消され、神祇院となった。

昭和二十（一九四五）年、第二次大戦が終結すると、占領した連合軍は、日本が神道を国教としていたものとし、それを制限するため「神道指令」を出した。

これにより全国の神社は、包括法人として神社本庁（神社本庁は『神社本庁庁規』によると、神社の管理・祭祀の執行・氏子の教化・伊勢神宮の奉賛・神職の養成を行う宗教法人）を設立し、その包括下に入って今日（神社の多い県・神社の少ない県・都道府県別神社数は次表の通りである）に至っている。

（表1）神社の多い県（二〇二〇年）

1位	新潟県	四六八九
2位	兵庫県	三八七三
3位	福岡県	三四一〇
4位	愛知県	三三五五
5位	岐阜県	三二七一

（表2）神社の少ない県（二〇二〇年）

1位	沖縄県	一六
2位	和歌山県	四四七
3位	宮崎県	六七五
4位	大阪府	七三三
5位	山口県	七五四

（表3）都道府県別神社数（二〇二〇年）

総数		八〇九三四
1	北海道	七九五
2	青森	八八六
3	岩手	八六八
4	宮城	九四六
5	秋田	一一四七
6	山形	一七四九
7	福島	三〇五四
8	茨城	二四九〇
9	栃木	一九一九
10	群馬	一二一六
11	埼玉	二〇二七
12	千葉	三一七一
13	東京	一四五一
14	神奈川	一一五二

15	新潟	四六八九
16	富山	二二七六
17	石川	一八七六
18	福井	一七〇七
19	山梨	一二八八
20	長野	二四五九
21	岐阜	三二七一
22	静岡	二八四六
23	愛知	三三五五
24	三重	八五〇
25	滋賀	一四四三
26	京都	一七六一
27	大阪	七三三
28	兵庫	三八七三
29	奈良	一三八九
30	和歌山	四四七

31	鳥取	八二四
32	島根	一一七一
33	岡山	一六五六
34	広島	二七〇〇
35	山口	七五四
36	徳島	一三一〇
37	香川	七九九
38	愛媛	一二五一
39	高知	二一六三
40	福岡	三四一〇
41	佐賀	一一〇四
42	長崎	一三二五
43	熊本	一三九三
44	大分	二一二二
45	宮崎	六七五
46	鹿児島	一一二七
47	沖縄	一六

（『宗教年鑑』より）

おわりに

最後に、前章と重複する部分もあるが、大切なことなので今一度まとめながら、神社・神道を見直してみよう。

明治の神仏分離で仏教と別れた神道が、今日の神道である。

しかし、神仏分離という響きが先行するため、神道と仏教はフィフティー・フィフティーで習合し、フィフティー・フィフティーで別れたと思われがちである。

ところが、そのような単純なものではない。当時、社に寺がある場合と、寺に社がある場合とがあった。

前者の場合、神社に対し「神仏判然令」が出た。神社は寺に対し土地、建物、本尊、仏具、仏典を無償で譲渡しなさいという法令であるが、後者の場合は、寺への「神仏判然令」が出なかった。したがって、今も、寺の中に社がある。

例えば、愛知県豊川市の妙厳寺《みょうごんじ》境内に稲荷社があって「豊川稲荷」という。しかし、それは独立した神社ではなく寺の所有物なのである。

寺にある社は、ほかに薬師寺、東寺、あるいは高野山、比叡山などの境内にみられる。所有者はそれぞれ寺であり、このような状態を「神仏分離」という語で表すのは無理である。

江戸時代には、幕藩体制下、幕府は、寺が所有する「檀家帳」を戸籍の原簿とし、それを基礎とする税システムを構築した。それに対する見返りとして、幕府は寺にさまざまな特権を与えた。江戸時代の寺が享受した特権は宗教として異状であった。人びとは誰もが特定の寺に所属（「寺請《てらうけ》」という）しなければならないとされ、親が亡くなるとその寺の僧に葬式をあげてもらわねばならず、彼岸、盆、正月、命日に、その僧にお布施を供えねばならなかった。寺に増改築があると、その費用を負担しなければならなかった。しかし、廃藩置県により寺にその権利を与えていた藩がなくなった。新たな「仏教教化」を基盤とする寺の運営へと切り替えねばならなくなった。それを成し遂げて、今日の寺がある。

明治から大正、昭和戦前期にかけて仏教立の大学が次々に創立され、「仏教教化」

の内容と方法が研究・教育され、出身者は各地の寺へと赴任し、懸命に地域の人びとの「仏教教化」を行った。「神道教化」の場合は、これと相当違っていた。

近代における「神道教化」は慶応四（一八六八）年の「神祇官」再興（律令時代の制度にいったん戻される）から始まった。「大教宣布の詔」が発布されると、神祇官は「大教」の「宣教」を行うために「宣教使」という役所を設置した。

しかし、神祇官の官員同士で「宣教」についての対立が起きた。平田派国学者たちの主張する「祭政一致」は「八神殿」再興であった。ところが、実権を持っていた福《ふく》羽美静《ばびせい》ら津和野派における「祭政一致」は「天皇親祭」であり、「八神殿」再興に重きを置かなかった。

「神祇官」は平田派が主導したとされるが、明治四（一八七一）年になると、平田派の中の要職にあった矢野玄道《はるみち》・角田《つのだ》忠行・丸山作楽《さくら》・権田直助らが解任され、平田派は一気に凋落した。

平田派が権力をにぎっていたのは「神祇官」再興までであり、再興後は福羽美静ら津和野派が実権を握った。その上、この明治四年には「神祇官」が「神祇省」へと降格された。

降格される前年（明治三年）には、太政官の長官である太政大臣（三条実美《さねとみ》）が神祇官の長官（神祇伯《じんぎはく》）を兼務していたのであり、「祭政一致」というのは「まつりごと（政）」のトップが「まつり（祭）」のトップを兼務することであると解釈されていた。つまり、太政官が神祇を支配していたのである。

翌五年になると「宣教」にも異変が生じた。凋落しつつあった国学者による宣教が禁止されたのである。

「神祇」という名も不都合があるとされて使用中止となり、国民教化の機関であるという意味となって「教部省」と改められた。「宣教」する役所も「教導職」という名となった。

そして、国学者にかわって神職と僧が「教導」することとなる。

それと同時進行で、同年八月「学制」の発布があった。「学制」は「大・中・小学区の事」「学校の事」「教員の事」「生徒及び試業の事」「海外留学生規則の事」「学費の事」から成り、全国に大・中・小学校を設置し、身分や男女の区別なく、国民皆学を目指すとするものであった。

この時期の文部省は、田中不二麿（弘化二〈一八四五〉年〜明治四十二〈一九〇九〉

年）が政策の中心にあった。また「学監」と称する文部省顧問がいた。それは森有礼《ありのり》の求めでアメリカから来日し、日本の教育を指導することになっていたモルレーである。当時の教育体制は、田中・モルレー体制であった。

「学制」が軌道に乗り、文部省による教育が円滑化し始めると、国民教化のための「教部省」は不要となり、明治十（一八七七）年一月、「教部省」は廃止されることとなった。

ところが「教導」という職務だけが残され、それは「内務省」に移された。

明治五（一八七二）年には、芝の増上寺内に「大教院」という「教導」従事者の教育機関が設置され、「教導」の方法や内容が教育されていた。「教導職」には国学者に代わって神職と僧が任命された。

「宣教使」に任じていた国学者たちは「宣教」するに当たって、いたずらに古代復帰を唱えるばかりであって、それを否として政府が反応したのである。

教育界では、上述したように西洋式学校制度の導入はあったが、それは制度面だけであり、実際の教育の内容や理念は、儒教的道徳（神道は仏教と分かれたが、儒教との分離がなされていず、その上、江戸時代は仏教と儒教も習合していて、僧は儒教的学力が高く、政府はそれを利用しようとした）を中心とするものであった。

仏教と別れた神道が、今度は儒教的なものに変えられていったのである。「大教」の実態は神道ではなくなり、道徳教（儒教的道徳以外で「大教」に含められていたのは西洋思想の「博愛」であったが、「博愛」も人類普遍の道徳の教えであり、全体として道徳教であった）であったのである。

「教導職」は、その養成から実際的な活動にいたるまで問題が多く、明治八（一八七五）年に「大教院」が閉鎖され、「教導」の実施機関は「内務省」に一本化された。しかも、儒教的道徳の「教導」にあたっていた僧たちは、半官半民だった「大教院」所属の立場から内務省所属の「教導職」となったのであるから不満はなかった。

そして同じく「教導職」となった神職に対しては、明治十五（一八八二）年に「神職」と「教導職」兼務の禁止令が出た。

「教導職」の中で、独自の神道理論により「教導」に当たっていた神職は、それを不満として独立した。つまり「神道十三派」である。

明治二十二（一八八九）年、大日本帝国憲法が制定されると、神道は「国家の宗祀」とされ、宗教とは別であるとされた。つまり「宗教」ではなく「道徳」であるとされたのであり、これにより神道の自然な宗教的発展は阻害されることとなった。

明治十（一八七七）年から教部省に代わって「内務省」社寺局が扱っていた神社事務は、明治三十三（一九〇〇）年、社寺局の神社局・宗教局二局分離により、「内務省」神社局が行うこととなり、神道十三派の事務は「内務省」宗教局が担当することとなった。

その後、大正二（一九一三）年、「内務省」宗教局は移管されて「文部省」宗教局となった。

つまり「太政官」と対等の「神祇官」が復興したように一見みえるが、実態は太政官下の「神祇省」となり、明治五（一八七二）年には「神祇」の名も剥奪されて国民教化の「教部省」となり、「神祇」の名も廃されたのであって、降格に次ぐ降格であった。

また「大教」と呼んで一見、尊重されていたかのようにみる神道の「宣布」や「宣教」は僧と神職による「教導職」が担ったが、国学とは無縁な「大教院」という部署がそれに当たったのである。

「大教院」は半官半民であって、そこで学んだ人びとが「大教」の宣布に当たった。

しかし、神職と教導職の兼務禁止となり「教導職」は僧たちと教派神道家が担うこととなった。教導の内容も、家族倫理、文明開化、博愛、富国強兵などであって、神道の信仰面での発展を促すものではなく、「神社は宗教たるも宗教たらしむべからず」（津田敬武《のりたけ》）とされたのである。

神社は悠久の昔から宗教であるにもかかわらず、「大教院」は神社非宗教論を唱え「教導職」はそれを説いて回った。

神職の立場からの「神道教化」は戦後の宗教法人法（昭和二十六年四月三日法律第一二六号）の制定にまで遅れるのであって、國學院での神道教育も戦前は道義学科であり、神道学科は戦後に誕生したものである。

皇學館も戦前（神宮皇學館大学）には祭祀専攻という少人数のコースが置かれていたが、神道神学や神道教化を教育科目として置かれるようになるのは、戦後の昭和三十七（一九六二）年創立の私立皇學館大学からであった。

神職は、内務省から「神道教化」を行ってはならないとされ、内務省神社局のもとで「祭祀の厳修」を行うことが「神職の使命」とされていた。

江戸時代には幕府が前述の特権を寺に与えていたこともあって、新たな寺を造ることが困難であった。明治初期の寺院数は九万五千寺であり、それ以前もほぼ同数であった。それらのうち、現在も七万五千寺が継承され、僧侶数も十万人（神職は二万人）に及んでいるので、人びとは江戸時代の大半の寺を今も支えていることになる。

明治になって、新政府は役場を設置して戸籍を作り、それに基づく税システムを構築した。これにより幕府ならびに藩という上部構造が崩壊し、その下で税システムに関わっていた寺に庶民の不満は向かった。それが廃仏毀釈だったのである。

前述のように明治政府は、僧を「大教」を宣布する「教導職」にしたことから、寺に生じた余剰人員が利用され、大教宣布は純宗教的な神道教化ではなく、余剰人員による国民教化になったのである。

そして神社に対し、明治末期に悪質な法が出た。「神社合祀令」である。

この法は、明治三十九（一九〇六）年、内務大臣となった盛岡藩出身の原敬《たかし》（祖父が盛岡藩の家老であり、敬の父が次男であったため、敬が二十歳の時、分籍して戸主となった。当時の民法は戸主に対し兵役を免除するという特典を与えていたため、それを享受しようとした行為であって、平民宰相になろうとしてなったのではない）であった。

ただし原内務大臣の時代は、合祀の実行部隊である各県の知事が様子見をしていたため、合祀が進まなかった。

当時、知事というのは内務省の官僚が県に出向する仕組みであったため、原は知事たちに神社合祀を競わせようとして、それを知事の自由裁量とした。

出世欲を丸出しにするのを恥とした知事や、敬神の念の篤い知事は、しばらく様子見をしていた。

しかし、翌々年（明治四十一〈一九〇八〉年）、内閣の解散があって、第二次桂内閣が誕生し、この時、原以上に悪質な人物が内務大臣の地位に就いた。米沢藩出身の平田東助である。

各県の知事に「勅令であるのに従わないのは何事だ」と威嚇して、合祀に向かわせた。

ただし、自由裁量ということなら自分の目の黒いうちは合祀させないという京都府知事のような敬神の念の篤い知事もあったが、内務省が立てた基準は「一村一社」であったため、明治四十一年から四十二年にかけての二年で十九万三千社あった神社は十四万七千社となった。

平田は米沢藩の藩医の家に生まれ、長兄が家を継いだため、同じ藩の平田家に養子に出て、戸主となった。平田も兵役逃れなのである。

米沢藩は戊辰戦争で新政府に敵対した藩であったため、早い頃の平田はそのハンディーから複雑な動きをしていたが、明治四（一八七一）年、彼にチャンスが到来。岩倉具視の「遣欧使節団」の随員になったのである。明治九（一八七六）年に帰国すると、平田は「内務省御用掛」となった。

さらに長州藩の品川弥二郎や青木周弼《しゅうすけ》の仲介により、長州藩閥の大物（木戸孝允・山縣有朋・伊藤博文）に取り入り、長州藩閥となった。

明治三十六（一九〇三）年からしばらくの間、長州藩閥の元老（山縣有朋）に支えられた桂太郎と、同じく長州藩閥の元老（伊藤博文）に支えられた西園寺公望《さいおんじきんもち》が交互に首相に立つ「桂園時代」となるが、その時、平田は第一次桂内閣で桂の抜擢を受けて農商務大臣となり、第二次桂内閣で内務大臣になった。平田の権力に屈する知事と、屈しない知事の裁量差がくっきりと出るのである。

合祀させない方針の知事が采配を振るった京都府などでの神社生存率は九割であったが、合祀を出世の道具と考える知事が権力を握った和歌山県や大阪府、三重県、東京府などの神社生存率は一割になってしまった。

その結果、今日では、神社数の多い県のトップが新潟県となり、人口密集地（東京や大阪）などでは神社数がきわめて少ない。

全国平均で五割の神社が消滅した。

生存率の低かった県では、旧氏子は新しい氏子区域に組み込まれながらも新しい氏神になじめず、氏子意識は極めて低下した。

氏神のお札《ふだ》と伊勢神宮のお札をセットにして頒布する現制度下では、大阪府民は自分で伊勢神宮に参拝してお札を受けるという家が多く、氏神からのお札を受ける率が低い。

かかる「神社合祀」に対し「淫祠邪教《いんしじゃきょう》」を廃絶させたものと言う人がいるが、そのような気楽なものではなく、八幡宮、天満宮、稲荷社というような正統の神社が標的にされたのである。その理由はこれらの神社が数的に多いからであった。

これを標的にすることで、内務省の出先機関である県（当時は中央集権時代であって知事を県民が選ぶのではなく、内務大臣が内務官僚の中から派遣していた）からは「一村一社」制を実現しやすいものにしようとする知事が出た。

いわば平田に迎合し、そのお先棒をかついで、もっと大きな県の知事になることや、内務省に戻らせてもらい要職につけてもらおうとする悪質な知事である。

上記四県の内、特に悪質なのが和歌山県であって、同県では「稲八金天神社《いなはちこんてんじんじゃ》」という名の神社が複数で誕生した。

稲荷社・八幡社・金毘羅社・天満宮は全国的にも多かったが、和歌山県では特に多かったため、これを一社にすることで社数が四分の一になるというものである。

他県にそのような名の神社は見られず、南方熊楠や柳田國男らは激しく批判した。広く流布していた稲荷社、八幡社、金毘羅社、天満宮が次々なくなっていったのである。

神社はその荒波の中を何とか生き残ろうとした。稲荷社の多かった東京や大阪では「地名＋稲荷＋神社」という社名を「地名＋神社」に改めた。三囲《みめぐり》稲荷神社は東京都墨田区にある稲荷神社であるが、三囲神社となった。大阪の河堀稲生《かわほりいなり》神社は河堀神社となった。祀られている神をたどると稲荷社であったことはわかるが、「地名＋神社」となって生き残ろうとした。

江戸時代の江戸は「伊勢屋、稲荷に犬の屎」と称され、伊勢屋を屋号とする店と犬の屎と並んで稲荷社の多い土地柄（犬の屎は「生類憐みの令」により犬が大事にされ、犬の排出物を粗末に扱うと罰せられるとされたことによる）であったが、百貨店の屋上など、民営の稲荷社は残ったが、地域の稲荷社の多くは他社に合祀されるか、上記した「地名＋神社」に改称した。

天満宮でも、例えば湯島天満宮は「湯島神社」という「地名＋神社」（「湯島天満宮」に改称されたのは平成十二年であって、江戸時代に「湯島天神」であった由来による）に改称した。

上記のように「神仏分離令」なる法は出されていないにもかかわらず「神仏分離令」が出たとし、それにより「廃仏毀釈」が起こったという説が立てられ、社会科の教科書にはそのように書かれるが、実際は違ったのである。

そもそも法があるということと、国民がそれに従うということは同義語ではない。覚醒剤取締法があるという事実は、それがない社会であるというよりは、むしろそういうことのある社会であるから法ができた。神仏分離令（正しくは神仏判然令）も、それが出たというだけでは神仏が分離したという証拠にならない。法は守られるとは限らないのである。だからこそ、日光東照宮と言う神社境内に仏教施設（五重塔や護摩堂）が残っていて、それをめぐってその所有権争いの裁判となっているのである。

僧侶が神職に転職することを希望すれば許すとされたため、僧が転職して無住の寺となった場合、仏像などの売買がたやすい物は他寺に売って自分の退職金の一部にし、三重塔や五重塔など動かすことのできなかったものは、現在も神社内に残っている。

しかも、この法は神社に出された法であって、各家庭に出された法ではない。各家では「仏壇」と「神棚」の両方を祀って現在にいたっている。家庭に対しては、どこからも神仏分離せよと命じられてはいないのであって、両方祀っているからといって罰せられた事実はない。寺の境内にある神社も同様である。

「神仏判然令」は出たが、同法の趣旨は「神社境内」の混淆状態解消であった。熊野那智大社の敷地の半分をもらって西国一番札所（青岸渡寺《せいがんとじ》）が独立し、讃岐国一宮の敷地の半分をもらって四国八十三番札所（一宮寺）が独立した。

神社境内における混淆状態は終わったが、庶民に出された法ではないため、庶民は両方に参る。寺では合掌し、神社では、かしわ手を打つ。

もとの姿がよいと言う人もあるが、戦後は経済優先時代（世界から日本は「経済の野獣《エコノミック・アニマル》」と呼ばれていた）であって、家庭教育が不足した。そのため、その頃生まれた六十～七十代の人びとの神仏に対する態度が悪い。今は世の中が落ち着き、若い人びとは家庭教育のもと神棚を拝み、仏壇を拝んでいる。寺では仏壇での作法、神社では神棚での作法で参っている。

多くの神宮寺は神社から土地建物の無償譲渡（寺は寺号を大切にする側面があって、宗教法人法は所在地移転の自由を制限していないため、村の人口減少により境内を売却して人口密集地に移転してしまい、今は神社の隣接地に存在しないケースもあるが、神宮寺の多くは今も神社の隣に存在する）を受け、塀を設けた。

例外もある。上でふれた日光東照宮にある五重塔と護摩堂を、東照宮は神仏判然令に従わずに残した。隣の輪王寺《りんのうじ》はそれをよこすようにと裁判しているが、法が出ても従わないケースもあるのである。

神仏判然令により登記上分離しても、人びとは両方に参る。那智大社にも青岸渡寺にも参る。讃岐一宮にも一宮寺にも参る。これは「重層信仰」であり、神仏分離によってなくなってしまうものではない。

神仏判然令への服し方も地域差があった。小・中・高の教科書は、一般に子供たちに法が守られていないと教えることをタブーとする。そのため、日本人の「重層信仰」が教えられずに、法が出て廃仏毀釈に走ったという一時的状況がその後も続いているかのごとく誤認させてしまっている。とすれば、大人になったなら、事実を学ぶ必要がある。

宗教法人法に基づく「宗教法人」である「神社」に対し、「氏子」として所属しつつ、それ以外に江戸期の宗門改めによって配属させられた寺にも所属しているのは普通のことなのである。どちらか一方でなければならないという法は出されたことがない。

人は寺にも神社にも参るのであり、そのような信仰形態が日本にはある。それが日本人の宗教的特質である。寺の法事に熱心で神社の氏子としてそれほど熱心でない人や、その逆の人もいる。どちらの人も、祭りの時には神輿をかついだり、神社に参ったりする。初詣や七五三、初宮詣、安産祈願、受験合格祈願などでも神社に参る。僧にお願いして葬式を行ってもらう多くの日本人にとって、別の宗教法人である神社に参るという状態を「重層信仰」として把握すべきなのである。

オランダのライデン大学では、日本の鎖国下（一八五五年）に「日本学科」が設立されている。日本では一八七二（明治五）年に東大（京大は一八九七年）が誕生するが、一八七二年の東大は、人文科学、社会科学、自然科学それぞれの教育者は「お雇い外国人」であって、日本の文学や歴史は教えられていなかった。東大で日本文学の教育が開始されたのは、「国語研究室」が誕生する一八九七（明治三十）年であって半世紀の遅れがある。オランダにおける日本学科設立後、英仏独など主要国で日本学科が設立されるのは一八七〇年代前半である。

ロンドン大学東洋学部の場合、現在、日本宗教史と日本美術史の准教授のポストが置かれている。先年、日本宗教史のドルチェ准教授が日本美術史の准教授と合同で、同大学において「神道」をテーマにするシンポジウムを行った。ヨーロッパやアメリカの神道研究者が数多く研究発表し、私も基調講演の講師として招聘された。

中国の大学でも、外国哲学科に日本哲学専修が置かれ、それを学ぶことによって学位を与える教員組織と博士の審査機構がある。そこにおいて『復古神道の研究』や『垂加神道の研究』などの博士論文（前者は浙江《せっこう》大学の院生だった牛さんの論文であり、後者は浙江大学の院生だった王さんの論文であって、お二人の指導教授は北京大学出身の王守華教授であった）が提出され、それにより学位が与えられて、今は別の大学であるが、教授（牛さんは山東大学教授となり、彼の大学の百十周年記念講演に、同大学学長からの招聘状を私の勤務校に送ってくれ、私は神道の学者として、ハーバード大学のキリスト教神学の著名な教授や、テルアビブ大学のユダヤ教神学の教授とともに講演した）

である。

日本画や日本彫刻も、フェノロサがその価値を日本人に教えた十九世紀の末まで全く理解されていなかった。その後、それらは大学で教えられるようになったが、東京芸大などの芸術系大学に所属する学生だけであって、小中高では教えられていない。日本人の信仰の根底にある神道も同様であり、その価値を小中高では教えられていないのである。

海外では、日本人の信仰はその根底に「神道」があって、それが「自然を愛する心」を育《はぐく》んでいると教えられている。日本人は「神話」を持つ民族であり、そういったことが日本人の美意識に影響していると教えられている。日本画、雅楽、歌舞伎、茶道、華道、俳句なども教えられている。柔道、剣道、合気道、空手道、弓道などを学ぶ人もいる。それらを学ぶ人は、それぞれの国で、その根底に「神道」があると教えられている。「礼に始まり礼に終わる」という武道の精神は、日本では選手同士の礼であったり、審判への礼であったりするが、世界における日本武道は、神棚を拝んで始まり、神棚を拝んで終わる。

神社や神道に価値があると考える者はそれらを自習し、さらに家庭教育として子供たちに伝えていかねばならない。

本書を終えるにあたり、出版にご尽力くださった葉室頼廣氏、佐々木宏氏にお礼申し上げます。

索引

［【事項・神名・人名】【寺社名】【書名・文献・文書名】に分かれています。すべて五十音順です。］

事項・神名・人名

寺社名

書名・文献・文書名

写真一覧（掲載順）

三内丸山遺跡	青森地域広域事務組合ホームページより
真脇遺跡	Eiichi Yoshioka 撮影
天橋立	茅野芳夫氏撮影
越前国一宮　気比神宮	ウィキペディアより
丹後国一宮　籠神社	茅野芳夫氏撮影
籠舟	船の博物館所蔵
『海部氏系図』	海部穀成氏所蔵
大湯のストーン・サークル	ウィキペディアより
諏訪大社　御柱祭	「たびこふれ」公式サイトより
諏訪大社　下社春宮	谷口勝彦氏撮影
諏訪大社　下社春宮の一の御柱	谷口勝彦氏撮影
伊勢下宮「心の御柱」の覆屋	白山芳太郎撮影
諏訪大社　御頭祭	八ヶ岳原人ホームページより
糸魚川市に立つ奴奈川姫と南方刀美の母子像	ウィキペディアより
嶺方諏訪神社	「おみやさん」com より

生島足島神社	「まいぶれ 上田・東御」より
諏訪大社 下社秋宮御本殿	谷口勝彦氏撮影
出雲大社	谷口勝彦氏撮影
柱の出土地点	谷口勝彦氏撮影
復元された太古の出雲大社	LIFULL HOME'S PRESS より
出土した出雲大社の宇豆柱	「ゆき違い旅日記」サイトより
徐福神社	「神社巡りジャパン」より
丸山千枚田	白山芳太郎撮影
ミャオ族の棚田	travel.jp のサイトより
伊根の千枚田	葉室頼廣氏撮影
トラジャ族の住居	海洋博記念公園収蔵
池上曽根遺跡	佐々木宏氏撮影
妻の中央に「棟持柱」のある伊勢内宮	白山芳太郎撮影
銀鏡神社の神饌	「アメブロ」サイトより
ししとぎり	西都市観光協会「といと de ないと」より
春日若宮おん祭り「大宿所祭」の懸物	春日大社ホームページより
イギリス湖水地方のスターン・サークル	ウィキペディアより

出雲大社にある大国主命像	谷口勝彦氏撮影
貫前神社　鹿占神事	群馬県神社庁公式ホームページより
伏見稲荷大社の「おもかる石」	安藤孝信氏撮影
真清田神社の「おもかる石」	「神社マニア」サイトより
比良山脈	ウィキペディアより
地下式横穴墓模式図	都城市公式ホームページより
伊勢神宮　川原大祓	渡邉規矩郎氏撮影
お仮殿	葉室頼廣氏撮影
悠紀殿・主基殿	瀬戸一樹氏撮影
日吉大社の磐座	白山芳太郎撮影
岩上祭祀や岩陰祭祀跡が出土した沖ノ島	白山芳太郎撮影
大神神社　拝殿	谷口勝彦氏撮影
「仏教伝来の地」の碑（奈良県桜井市）	平岡定海氏書　谷口勝彦氏撮影
手向山八幡宮	上司延禮氏撮影
『二月堂神名帳』	奈良国立博物館『お水取り』より
十二単の玉依姫命坐像（吉野水分神社、建長三年）	プレスマンユニオンのサイトより
『多度神宮寺伽藍縁起並資財帳』	多度大社ホームページより

熊野本宮大社　谷口勝彦氏撮影
伊勢神宮　外宮　伊勢市観光協会のサイトより
『北野天神縁起絵巻』（重要美術品）　根津美術館所蔵
談山神社　十三重塔　近畿日本鉄道のサイトより
北野天満宮　御本殿　北野天満宮ホームページより
日光東照宮　陽明門　東武鉄道ホームページより
本居宣長旧宅　日本観光振興協会のサイトより
名草神社　三重塔　「但馬情報特急」のサイトより
黒住教　本部　黒住教ホームページより
神社本庁　神社本庁公式サイトより

白山芳太郎（しらやま　よしたろう）
昭和25年２月生まれ。皇學館大学大学院博士課程修了（文学博士）。皇學館大学助教授、教授（その間、四天王寺大学講師、國學院大学講師、東北大学講師、東北大学大学院講師などを兼ねる）を経て、現在、皇學館大学名誉教授。おもな著書に『北畠親房の研究』『日本哲学思想辞典』『日本思想史辞典』『日本思想史概説』『日本人のこころ』『日本神さま事典』『仏教と出会った日本』『王権と神祇』など。

神社の成立と展開

著　者　白山芳太郎

令和三年十一月六日　第一刷発行
令和五年　六　月二日　第二刷発行

発行者――坂本嘉廣

発行所――㈱冨山房企畫
東京都千代田区神田神保町一-三　〒一〇一-〇〇五一
電話〇三（三二三三）〇〇二三

発売元――㈱冨山房インターナショナル
東京都千代田区神田神保町一-三　〒一〇一-〇〇五一
電話〇三（三二九一）二五七八

組　版――㈱冨山房インターナショナル

印　刷――㈱冨山房インターナショナル

製　本――加藤製本株式会社

ISBN978-4-86600-099-2 C0014